그리스신화와 축제

김복래_지음

한국외국어대학교 불어과를 졸업하고, 프랑스의 파리 제1대학교와 제4대학교에서 석사 및 박사를 수료했다. 현재 안동대학교 교수로 재직 중이다. 지은 책으로는 『프랑스가 들려주는 이야기』, 『프랑스 문화예술, 악의 꽃에서 샤넬 No.5까지』, 『프랑스 왕과 왕비』, 『속속들이 이해하는 서양 생활사』등이 있고, 옮긴 책으로는 『조각난 역사』가 있다.

그리스신화와
축제

초판인쇄 2007년 11월 5일
초판발행 2007년 11월 8일

지은이 | 김복래
펴낸이 | 이찬규
펴낸곳 | 북코리아
등록번호 | 제10-1519호
주소 | 121-802 서울시 마포구 공덕2동 173-51
전화 | 02.704.7840
팩스 | 02.704.7848
이메일 | sunhaksa@korea.com
홈페이지 | www.ibookorea.com
값 15,000원
ISBN 978-89-92521-36-9 (03920)

그리스신화와 축제

김복래 지음

북코리아

책을 펴내며

어렸을 적에 그리스신화를 읽느라고 밤을 꼬박 새운 적이 있었다. 그런데 지금 보아도 전혀 물리지 않는 것이 무궁무진한 이야기의 보물창고 그리스 신화이다. 인간이 발명해 낼 수 있는 가장 아름다운 신화와 절묘하게 어우러진 그리스 축제이야기는 일상생활의 먼지 속에 잠겨있는 현대인들의 무한한 상상력을 일깨우는 신선한 활력소가 될 것이다.

보통 신의 존재는 신비한 경외감의 대상일 테지만 그리스 신들은 영생과 청춘을 누릴 수 있다는 것을 빼놓고서는 희노애락의 감정을 느끼는 우리 인간들과 별로 다를 것이 없다. 대장장이 신, 직물의 여신 등등 그리스 신들은 소박하기 이를 데 없다. 신들도 인간들과 마찬가지로 허드레 노동을 하며 때로는 어처구니없는 실수도 저지르고, 주체할 수 없는 바람기(?)나 분통도 터뜨리는 것이다. 지고지선의 정상에 앉아 지상의 인간들의 군상을 내려다보는 무오류의 절대신이 아니라, 인간들의 전쟁에 끼어들어 한바탕 직접 싸우기도 하고 심술궂게 훼방을 놓기도 한다. 이러한 신들을 모티브로 한 축제이기에 인간적인, 너무나 인간적인 친숙함으로 다가오는 것이 고대 그리스인들의 일상생활을 지배했던 축제분위기인 것 같다.

작년 1월에 부지런히 집필을 시작해서 더위가 기승을 부리기 전에 탈고하고 이제 아침저녁으로 선선한 바람이 불어오기 시작하는 가을에 이 책을 선보이게 되었다. 이처럼 이 책이 세상에 나오게 되기까지, 쾌히 출판을 맡아주시고 격려해주신 북코리아 이찬규사장님께 심심한 감사를 바친다.

2007년 7월 저자

차 례

책을 펴내며_5

01 축제의 서곡_13
이피게네이아의 희생_14

02 범 그리스적 축제_21

올림픽 이야기_22
펠롭스_24
헤라클레스_27
제우스_28
엘리스의 국왕 이피토스_34
제우스냐 헤라클레스냐_36
헤라 경기대회_49
제우스는 여성혐오자인가_51
그리스인들의 나체 심미관_53
그리스 여성의 낮은 지위_55
헤라클레스의 기원_57
얼꽝 테르시테스_62
청춘과 미의 찬가_67
나체의 기원을 찾아서_72
남근숭배사상_76
누드 히어로 헤라클레스_82

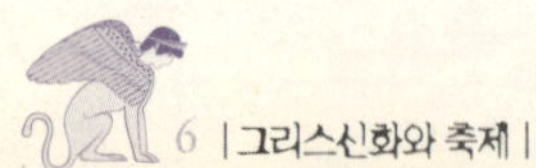

피디아 제전_99
두 쌍둥이 남매 신의 해산_103
리키아의 나쁜 농부들_104
쌍둥이 남매신이 어머니의 적들을 벌주다_104
아폴론 왕뱀 파이돈을 죽이다_105
첫 번째 나이트클럽 연예인 뮤즈_107
피디아 경기와 여성_110

이스트미아 제전_110
멜리케르테스_111
테세우스_113
킵셀로스_114

네메아 경기_117
네메아의 사자_118

03 고대 아테네 축제_123
고대 그리스 달의 이름(아테네)_124

안테스테리아_124
사자들의 축제_131
바실리나(왕비)_133
아이들의 축제_154

침묵의 와인 경연대회_135
디오니소스 찬가_137
그네타기 축제_138
염소가죽부대 위에서 오래 버티기 경연대회_142
혼인식 준비_143
결혼식_145
쿠트로이 대회_149

디오니시아_149
축제의 기원_153
축제퍼레이드_154
프로아곤 _155
연극공연_156
이성과 광기가 만나는 곳, 진리의 세계_158

판아테나이아 축제_160
파르테논 신전이 있는 아테네의 아크로폴리스를 향하여!_160
대 판아테나이아_162
신의 영광을 노래하는 파르테논 신전_162

플린테리아Plynteria_163
아레토포리아Arretophoria_164
타르겔리아 축제 _165
퓌아넵시아_170

아프로디시아_171
전쟁의 신 아레스를 위한 축제_173

에베소의 아르테미스 축제Ephesian Artemis_174
세계 7대의 경이 아르테미스 신전_175
세 개의 행렬_176
시벨레 여신의 가슴에 주렁주렁 매달린 솔방울의 정체는?_177

모우누키아Mounukhia_179
아르고스 축제_180
사모스 축제_181
타나리아 축제_182
디이소테리아Diisoteria_184
소시폴리스Sosipolis_184

고대 그리스의 삼하인Samhain 축제_185
소와 사랑에 빠진 파시파에_188
아테네와 미노스의 갈등 _188
테세우스_189
아리아드네 _191

엘레우시스 비의_194
참가자_197
비밀_197
두 개의 엘레우시스 비의_198
예술 속에 나타난 비의_202

축제의 에필로그_204

01

축제의 서곡

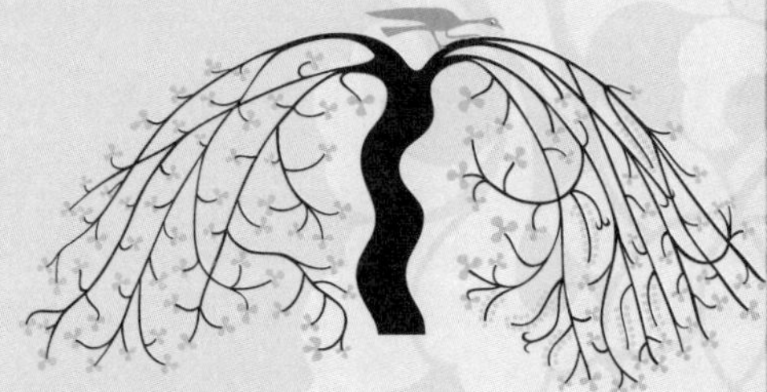

수백만 년의 오랜 세월동안 떨어져 있다가 이제 다시 돌아온 하나의 봄. 한줌의 빛과 희망이 어두운 하늘을 따라잡느니, 아지랑이와 공포가 산산이 부서져 공중에 흩어지고 악의 기운이 저 멀리 도망친다. 세계의 중심에 선 광명이 원래 자기의 자리를 되찾는 봄의 축제. 자, 이제 다같이 영원한 축배의 잔을 들어라!

그리스인들은 축제기간 중에 과연 무엇을 축하하였을까? 고대 그리스인들은 현대인과 마찬가지로 생일 · 결혼 · 승리 · 풍년 등 그들 인생의 주요한 변화를 기렸다. 그러나 그들의 생활주기는 우리와는 무척 달랐다. 그리스 달력은 태양이나 달의 운행과 관련 있는 자연사自然

고대 악사

事, 또는 신성성과 깊이 연결되어 있다. 이는 신에게 제물을 봉헌하는 것을 의미한다. 제물을 바친다는 것은 한 마리 또는 그 이상의 동물들이 제단 위에서 피를 흘리며 죽는다는 것을 의미했다. 그러나 제식이 끝나면 오늘날 바비큐 파티와 비슷한 풍성한 먹거리 잔치가 흥겹게 벌어졌다. 신에게 축성한 그 고기를 굽고 요리하여 다함께 먹는데, 으레 흥겨운 춤과 음악이 따랐다. 그래서 축제기간 중에는 행진하며 춤추고 노래하는 북새통에 잠시도 조용할 틈이 없었다. 남신을 기리는 축제는 남성들이, 여신을 기리는 축제는 여성들이 주도했다. 물론 아주 예외적이고 드문 경우이기는 하지만 인신제물을 바쳤을 가능성도 제기된다. 호머의 『일리아드』에서는 아가멤논의 딸 이피게네이아를 인신제물로 바치는 이야기가 나온다.

Ψ 이피게네이아의 희생

아가멤논의 한 병사가 새끼를 밴 토끼를 죽였다(일설에 의하면 아가멤논 자신이 금지된 신성구역에서 사냥을 했기 때문이라고 한다). 그것은 사냥의 신

끌려가는 이피게네이아

아르테미스에게는 금기사항이었다. 여신의 걷잡을 수 없는 진노로 역풍이 불었고, 그리스군대는 일보도 항해를 할 수가 없었다. 그래서 예언자 칼카스에게[1] 여신의 노

1] 트로이에 원정한 그리스군 최고의 예언자로 아폴론의 신관 테스토르의 아들이다.

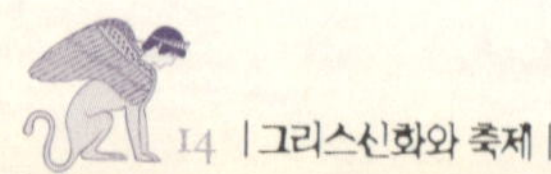

여움을 가라앉힐 방도를 물어보
았다. 그러자 총사령관 아가멤논
의 딸을 희생제물로 바쳐야 한다
는 무시무시한 점괘가 나왔다.

　　"너는 헬라스로부터 온
이 막강한 해군과 청동으로 무장
한 정예의 전사들을 보아라. 예
언자 칼카스의 말대로 내가 너를
희생제물로 바치지 않는다면, 그
들은 트로이의 성탑으로 진군할
수도, 유명한 트로이성벽을 무너
뜨릴 수도 없을 것이다." 이는
고대 그리스의 비극시인 에우리
피데스의 『아울리스의 이피게네
이아』에서 아버지 아가멤논이

이피게네이아를 구하는 여
신 아르테미스

위기일발의 순간의 이피게
네이아.
그녀의 아버지 아가멤논은
붉은 수건으로 얼굴을 감싸
쥐고 있다

딸 이피게네이아에게 타이르는 말이다. 아무래도 그녀가 순수한 처녀
였기 때문에 이처럼 선택되었을 것이다. 칼카스는 이런 '피의 제식'을
행한다면, 그리스 군이 궁극적인 승리를 거둘 것이라는 예언도 아울러
덧붙였다. 가련한 속죄양이 된 이피게네이아는 전 군대가 보는 앞에서
희생되었다. 그러자 기적처럼 순풍이 불기 시작했고, 의기충천한 그리
스군대는 트로이군을 무찌르기 위해 힘차게 진군했다. 일설에 의하면
위기일발의 순간에 연민을 느낀 아르테미스 여신이 그녀를 구름으로
감쌌다. 순간적으로 구름이 일어났다가 흩어지고 나니, 제단에 피를 흘
리며 쓰러져 있는 것은 이피게네이아가 아닌 한 마리 사슴이었다. 칼날
이 그녀의 목을 파고드는 순간 여신이 재빨리 그녀를 빼돌리고, 그 대

신 제단에 사슴을 던져놓은 것이다. 이피게네이아의 희생이 승리를 이끌었기 때문에 그녀의 죽음은 축제의 한 모티브가 될 수가 있다. 그러나 한 소녀의 애처로운 죽음이 승리를 이끌었다면, 트로이 전쟁에서 슡하게 사라져간 젊은 용사들의 죽음은 과연 승리에 어떤 영향을 미쳤을까 하는 의문이 든다. 그러나 자신의 죽음이 승리를 가져왔다고 주장하는 그리스 병사는 단 한명도 없었다. 또한 남성의 전유물인 전쟁의 가장 중요한 희생물이 연약한 소녀였다는 점 역시 이상하게 들린다. 후기에 이러한 희생은 비난의 대상이 되었다. 그러나 그것은 아이러니하게도 인간생명에 대한 존중보다는, 전쟁의 주역인 젊은 남성들의 명예와 품위가 손상된다고 여겼기 때문이다. 그래도 희생제물이 된 몇몇 여주인공들은 그리스 작가들에 의해 칭송되어 스타 못지않은 인기를 누렸다. 축제일에는 이러한 희생제식 외에도 각종 체육시합이 신명나게 벌어졌다. 또한 그리스인들은 신상들을 정갈하게 목욕시킨 다음 새 옷을 말쑥히 갈아입혔다. 자 이제부터 종류별로 '태양과 신화의 나라' 고대 그리스의 이국적인 축제분위기에 흠뻑 취해보자.

그리스의 유명한 점술사 칼카스

예언자 칼카스여! 그대는 보릿가루와 정화수로 점치거나 신에게 희생제물을 바치는 것을 유감으로 생각하라. 예언자란 도대체 무엇인가? 다행히 운이 좋아서 진실을 맞추기도 하지만, 대부분 실수투성이지 않은가? 네 운명이 너를 버리면 너는 곧장 무너져버린다.

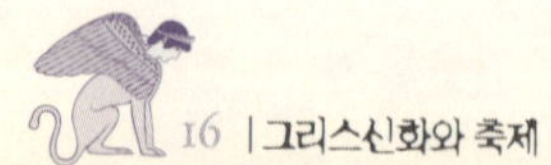

칼카스는 가족이 모두 예언자인 예사롭지 않은 집안에서 태어났다. 그의 아버지 테스토르도 예언자, 형제인 테오클리메누스도 예언자, 누이인 레우시페도 예언의 신 아폴론의 여사제였다. 그에게는 또 다른 누이 테오노에가 있었다.

| 납치당한 테오노에 |

어느 화창한 날씨에 테오노에는 바닷가에서 놀고 있었는데, 갑자기 바다에서 나타난 거친 해적의 무리들이 그녀를 납치해갔다. 그들은 소아시아 남서쪽에 위치한 카리아로 그녀를 데려다가, 그곳의 왕 이카루스에게 노예로 팔아버렸다. 이카루스왕은 아리따운 그녀를 첩으로 삼았다.

테오노에가 사라지게 된 것을 알게 된 테스토르는 딸의 행방을 찾아 나섰다. 그러나 필연인지 우연인지 그가 탄 배가 난파하여, 공교롭게도 카리아에 불시착했다. 그는 외국 땅의 낯선 침입자로 몰려 쇠고랑을 차게 되었다. 그리고 사슬에 묶인 그가 끌려간 곳도 하필이면 딸 테오노에가 머무르고 있는 궁전이었다. 그는 거기서 종살이를 하게 되었다.

| 또 다른 누이는 사제가 되다 |

한편 집으로 돌아온 레우시페는 아버지도 여동생도 모두 사라진 것을 알게 되었다. 그녀는 델포이 신전을 찾아가서 신탁을 구했다. 그러자 언제나 신탁이 그러하듯이 아주 애매모호한 계시를 들었다. "나의 사제여! 지구 끝까지 가라. 그러면 그들을 찾을 수 있을 것이다." 그녀는 한 치의 주저도 없이 머리를 싹둑 자르고 남성 사제의 모습으로 변장한 채 혈육들을 찾아서 온 땅을 헤맸다. 드디어 그녀 역시 카이라에 당도했다.

| 여동생이 언니와 사랑에 빠지다 |

그녀의 자매인 테오노에는 우연히 남장한 레우시페를 보고 아주 잘 생기고 훤칠한 사제라 생각하여 홀딱 반해버렸다. 그리하여 자기와 같이 동침해 줄 것을 은밀히 제안했다. 그러나 남자도 사제도 아닌 레우시페는 이를 일언지하에 거절해버렸다. 그러자 분노하여 복수의 화신이 되어버린 테오노에는 이 낯선 사제를 방에 가둘 것을 명했다. 그리고 자신의 몸종들에게 그를 죽이라고 명했다.

| 딸이 자기 아버지에게 언니를 죽이라고 명하다 |

무슨 운명의 장난인지 몸종들은 하필이면 테스토르에게 이 끔찍한 살인 명령을 내렸다. 테스토르는 테오노에가 내린 칼을 받아들고 자기의 친딸 레우시페를 죽이러 그 방에 마지못해 들어갔다. 유명한 예언자 집안이라는 명성이 무색할 정도로 이 세 사람은 이때까지도 서로가 누구인지 전혀 모르고 있었다. 무기를 들

고 들어간 테스토르는 상대방을 죽이는 대신에 서글픈 신세타령을 주저리 늘어놓
았다. 자기 이름은 테스토르이며 레우시페와 테오노에라는 귀여운 두 딸을 잃어버
렸고, 이제는 살인까지 하는 비참한 운명의 노예로 전락했다고 한탄해마지 않았
다. 그러자 아버지의 이름을 듣고 깜짝 놀란 레우시페는 아버지를 부둥켜안고 울
었다. 그녀는 아버지의 도움으로 방을 빠져나와 자기를 죽이려 한 테오노에를 해
하려 했으나, 결국 모든 사실이 백일하에 드러났다. 그리하여 이 세 사람은 이카루
스 왕이 내려 준 금은보화를 가득 싣고서 사이좋게 고향으로 귀환하게 되었다.

|그리스 총사령관 아가멤논 왕이 칼카스를 발탁하다|

최고의 예언자는 바로 칼카스였다. 트로이 원정 이전에 아가멤논이 종군
을 간청 했을 때, 칼카스는 당시 아직 소년이었던 아킬레스의 힘없이는 트로이를
함락시킬 수 없다고 예언했다. 또한 원정이 결정되어 그리스 군이 아울리스에 집
결하였을 때, 뱀이 어미참새와 8마리의 새끼를 잡아먹는 것을 보고 트로이 공략에
는 만 9년이 걸린 뒤 10년째에 가서야 함락시킬 수 있다고 정확히 예언했다. 그리
고 아울리스에서 아르테미스 여신의 노여움으로 바람이 불지 않아 출항이 되지 않
을 때에도 이피게네이아를 제물로 바칠 것을 진언했다. 이 밖에 트로이에서 그리
스군의 진영을 덮친 매우 무서운 유행성 전염병의 원인과 필로크테테스의 활, 목
마의 계략 등 트로이 공략에 필요한 수단을 모두 예언하여 가르쳐주었다.

|두 예언자의 팽팽한 기 싸움|

그러나 그 자신은 자기보다도 뛰어난 예언자를 만나 목숨을 잃는 운명이
있었다. 트로이성이 함락된 뒤에는 소小아이아스에 의한 아테네 여신의 노여움 때
문에 귀로인 항해가 위험하게 되자 그는 소아시아의 콜로폰으로 갔다.

그리고 그곳에서 모프소스를 만나 예언점술 기량을 겨루다가 패하였는
데, 그 패배의 굴욕으로 분사하였다. 무화과나무 가지에 달린 열매 수를 맞추다가
져서 그랬다는 얘기도 있고 임신한 돼지가 과연 몇 마리의 새끼돼지를 뱄는지를
맞추다가 져서 그랬다는 설도 있다. 또는 리키아 왕이 전쟁터에 나갈 때 모프소스
는 패배를 칼카스는 승리를 점쳤는데, 칼카스의 말을 믿고 출정한 왕이 전투에서
패하자 칼카스가 이를 비관하여 자살했다는 설도 있다. 다른 설에 의하면 칼카스
는 자기의 포도원에서 빚은 포도주를 살아서는 다시 마실 수 없을 것이라는 다른
예언자의 말을 듣고 그 말을 가소롭다고 크게 웃으면서 술을 마시다가 질식사하였
다고 한다.

범 그리스적 축제

범 그리스 축제로는 올림피아 지방의 올림픽, 델포이 지방의 피디아, 코린트 지방의 이스티미아, 네메아 지방의 네메아 등 4대 제전경기를 들 수 있다. 기록에 의

델포이 신전의 육상경기장

하면 고대 올림픽은 B.C. 776년 그리스의 서부해안 근처 엘리스Elis의 올림피아에 있는 계곡에서 거행되었다. 4대 축제 중 올림피아 축제가 가장 유명했는데 거기에는 여러 가지 요인이 있겠지만, 첫째는 올림피아 축제에 대한 역사적 자료가 현재 가장 많이 남아 있기 때문에 오늘날 대표적인 존재가 된 것이다. 당시 그리스인에게 4개의 축제는 본질적으로 동등한 의의를 갖고 있었으므로, 올림피아 축제만이 특히 중요한 것은 아니었다. B.C. 586년 피디아 제전이 델포이에서 창설되었으며, 이어서 582년에 이스트미아 제전, 573년에 네메아 제전이 뒤를 이

어 개최되었다. 이들 4개 대회는 페리오도스periodos로 알려진 순회경주를 개최했다. 올림픽 제전과 피디아 제전은 4년마다 개최되었고, 이스트미아와 네메아 제전은 2년마다 개최되었는데, 이스트미아제전은 4월에, 그리고 네메아 제전은 7월 하순에 열려 서로 상충하는 일은 없었다. 그리스를 중심으로 한 헬레니즘 문화권의 순수한 종교행사의 꽃 중의 꽃 올림픽부터 참관해보기로 한다.

✳ 올림픽 이야기

"우리는 비단 경기에 출전해 승리를 거두는 것뿐만 아니라, 전체 폴리스와 남성들 자신을 위해 남성들이 신체를 강건하게 단련시킬 것을 요구한다."
–루키아노스–

레슬링 선수들의 시합을 관전하는 트레이너

올림픽 경기연습을 하던 훈련장 유적지

고대 올림픽은 옛 그리스에서 거행되던 그리스 제일의 제전경기였다. 그러나 근대경기와는 상이한 점이 많았다. 오늘날처럼 전 세계의 기라성 같은 운동선수들이 참가하는 것이 아니라, 오직 그리스어를 사용하는 자유남성시민들만이 선의의 경쟁을 할 수 있었다. 또한 제전은 다른 장소로 이리저리 옮겨다니는 것이 아니라, 항상 올림피아에서만 열렸다. 올림픽 경기의 승리자는 지도위에 그들의 출생지를 올릴 수 있었다. 한 젊은 아테네귀족은 올림픽 전차경주에 무려 일곱번이나 출전했다는 사실을 자랑스럽게 공표함으로써, 자신의 정치적 명성과 입지를 굳혔다. 경기에 여러 번 출전했다는 사실은 아테네 귀족과 시민에게 본인의 재력과 힘을 입증하는 출세의 보증수표나 다를 바 없었다. 그렇다면 과연 언제부터 올림픽 제전경기가 시작되었을까? 고대 그리스의 엘리스와 피사 중간에 위치한[2] 비옥한 골짜기 올림피아에서 B.C. 776년 경 최초로 제전경기가 치러졌다. 이 경기는 4년마다 한 번씩 열렸고, 1000년이란 긴 세월동안 지속되었다. 다른 경기와 마찬가지로 올림픽 역시 최고신 제우스를 기리기 위한 종교축제의 일환으로 거행되었다.

❋ 고대 올림픽의 기원

고대 올림픽의 역사적 기원에 대해서는 거의 알려진 바가 없다. 그러나 몇 개의 흥미로운 전설과 신화가 남아 있다. 그리스의 서정시인 핀다로스는(B.C. 518?~438?) 그의 첫 번째 올림픽 송시에서 펠롭스Pelops를 올림픽의 창시자로 노래했다. 후일 기독교 성인 알렉산드리아의 클레멘트Clement of Alexandria 역시 "올림픽 경기가 펠롭스의 장례 희생물에 지나지 않는다"고 피력한 바 있다. 펠롭스는 프리기아의 왕 탄탈로스의 막내아들이었는데, 어릴 때 아버지에게 살해되었다가 다시 부활하는 파란만장한 운명의 주인공이다. 그리스에 있는 반도 펠로폰네소스는 그의 이름을 딴 것으로 보인다.

2| 엘리스와 피사는 모두 펠로폰네소스 반도에 위치한다.

Ψ 펠롭스

    탄탈로스는 그리스신화에 나오는 부유한 왕이자 제우스의 아들이다. 남달리 총명하여 제우스를 비롯한 여러 신들로부터 사랑받았으며, 지상에서는 프리기아 국왕의 권력을 쥐고 온갖 재물을 소유하는 등 남부러울 것 없는 존재였다. 교만해 질대로 교만해진 탄탈로스는 프리기아에 찾아온 신들의 신성능력을 시험하고자, 자기 아들을 토막 내어 스튜를 끓여 만찬에 내놓았다. 당시 기근이 심해서 신에게 공양할 가축이 없어 경건한 마음에서 탄탈로스가 그랬다는 설도 있으나, 일반적으로는 신들을 시험하기 위해서였다고 알려져 있다. 탄탈로스의 속셈을 알아차린 신들은 음식에 전혀 손대지 않았다. 그러나 대지의 여신 데메테르는 최근 딸을 잃고 비탄에 빠져 9일간이나 침식을 거른 채 찾아다녔으므로 허기가 져 그만 부주의하게 한쪽 어깨부분을 먹어버렸다.

신들을 모독한 죄로 끝없는 지옥 타르타로스에 던져져 무서운 형벌을 받는 탄탈로스

    제우스는 펠롭스의 희생을 불쌍히 여겨 그를 다시 살려내고 어깨뼈는 클로토가 만든 상아로 대치하였는데, 이 때문에 펠롭스의 후예는 상아와 같은 흰 어깨를 지니게 되었다 한다. 그 당시 동성애가 보편적이기 때문이어서일까? 몰라보게 미남이 된 펠롭스의 매력에 푹 빠

진 늙은 바다의 신 포세이돈은 젊은 연인 에로메노스Eromenos에 대한 애정의 표시로 날개 달린 말과 황금전차를 선물했다. 이 말들은 바다 위를 젓지 않고 달릴 수 있었다. 펠롭스는 이 전차를 몰고 피사(후일 올림피아)의 왕 오이노마오스와의 전차 경주에서 이기고 왕의 딸 힙포다메이아와 결혼했다.

바다의 신 포세이돈 (코펜하겐). 난폭하고 화를 잘 내며 매력이 없는 중년의 남성신으로 자주 묘사된다. 바다의 정령 암피트리테와 결혼. 자식들은 모두 괴물이나 야만인, 또는 말의 모습을 하고 있다.

　　피사의 왕 오이노마오스는 그의 딸 힙포다메이아의 결혼이 자신의 죽음을 초래할 것이라는 아주 불길한 신탁을 들었다. 힙포다메이아는 절세미인이었기 때문에 연일 구혼자들이 쇄도했다. 그래서 그는 궁리 끝에 다음과 같은 묘책을 내놓았다. 구혼자들이 힙포다메이아를 데리고 달아나면, 자신이 그들을 뒤쫓는다. 만일 그들이 코린트의 이스트모스까지 달아나면 딸을 주지만, 그 전에 자신에게 잡히면 죽임을 당한다는 것이다. 많은 용사들이 이에 도전하였지만 모두들 왕에게 사로잡혀 죽임을 당하고 말았다. 그에게는 전쟁의 신 아레스가 선사한 말들이 있었기 때문이다. 구혼자들은 왕보다 반 시각 정도 앞서서 출발하였지만, 왕은 바람처럼 빠른 말들을 이용해 그들을 따라잡아서는 역시 아레스에게서 받은 창으로 그들을 찔러 죽였다. 왕은 궁전을 장식한다는 미명하에 죽은 용사들의 목을 궁전 앞에 줄줄이 걸어 놓았다. 자기의 늙은 연인 에라스테스Erastes 포세이돈으로부터 받은 신마들로 무장한 펠롭스마저도 이 끔찍한 광경에는 그만 간담이 서늘해졌다.

그리하여 펠롭스는 왕의 마부인 뮈르틸로스의 도움으로 전차경주에서 왕을 이길 묘책을 고안해냈다. 이 두 사람은 비밀리에 왕의 수레바퀴의 청동 쐐기를 밀랍으로 바꿔치기했다. 그리하여 왕의 전차가 거의 펠롭스를 추격했을 무렵에 왁스가 녹아버리는 바람에 전차가 뒤집어지면서 무적의 오이노마오스도 별수 없이 목숨을 잃고 말았다. 그

지역의 왕이 된 펠롭스
는 그 자신을 정화시키
기 위해 경기를 개최했
다. 다른 설에 따르면
펠롭스는 그의 승리를
신들의 왕 제우스에게

자신의 신부 힙포다메이아
를 신의 전차위에 태워가는
펠롭스

감사하는 의미에서 경기를 열었다. 그의 아내가 된 힙포다메이아 역시
같은 의미에서 신들의 여왕 헤라를 기리는 경기를 열었다. B.C. 5세기
경 제우스 신전의 동쪽 박공벽면에는 전차경주를 하는 장면이 잘 예시
되어 있다. 그러나 혹자는 올림픽의 기원이 비명에 횡사한 장인 오이노
마우스를 기리는 장례식 경기였다는 해석을 내리고 있다.

ψ 헤라클레스

석양의 요정 헤스페리데스
정원의 황금사과를 뒤로 쥐
고 있는 헤라클레스

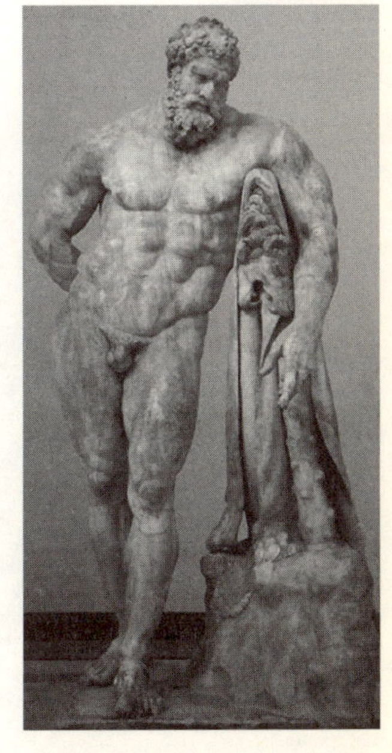

　　올림픽 경기의 기원에 관한 두 번째 신화는 그
리스 서정시인 핀다로스의 열 번째 올림픽 송시에서
유래한다. 그는 천하장사 헤라클레스가 어떻게 다섯
번째 임무를 수행했는지를 생생하게 들려준다. 헤라클
레스의 다섯 번째 과업은 태양신 헬리오스의 아들인
엘리스의 아우게이아스 왕의 마구간을 하루 동안에 청
소하는 것이었다. 아우게이아스 왕은 소를 3000 마리
나 가지고 있었는데 30년 동안 단 한 번도 청소해 본
일이 없었다. 그래서 가축들의 더러운 배설물이 외양
간에 넘쳐흘렀다. 헤라클레스는 아우게이아스에게 가
지고 있는 가축의 10분의 1을 자기에게 준다면, 외양

간을 깨끗이 청소해주겠다고 제안했다. 왕은 도저히 실현 불가능해 보이는 이 제안을 밑져야 본전이라고 생각하여 수락했다. 그러나 비단 힘뿐만 아니라 지혜도 출중했던 헤라클레스는 알페이오스 강의 물줄기를 끌어다가 외양간으로 흐르게 하여 단번에 깨끗이 청소해 버렸다. 인색한 구두쇠인 아우게이아스는 그 약속을 지키기 않았다. 그러자 화가 난 헤라클레스는 아우게이아스에게 전쟁을 선포했고, 엘리스의 도시를 약탈해버렸다. 그는 승리의 기념으로 그의 아버지인 제우스를 기리는 올림픽 경기를 개최했다. 헤라클레스는 남성들에게 어떻게 레슬링 시합을 하고 스타디움의 길이를 측정하는 법을 가르쳤다고 한다. 핀다로스가 헤라클레스를 찬미한 내용은 콘스탄티노스 샤미스Constantinos Chamis의 "델포이와 올림피아에서의 헤라클레스의 영향"이란 논문에서 연구된 바 있다.

Ψ 제우스

세 번째 신화는 제우스가 크로노스를 물리친 기념으로 축제를 열도록 명했다는 설이다. "너는 왕 중 왕이다. 그러나 너는 네 아들에 의해 왕좌에서 쫓겨날 것이다!" 이는 거인 신 크로노스에게 떨어진 음산한 예언이다. 크로노스는 우주의 첫 번째 지배자인 우라노스의 영리하고 가공할 만한 막내아들이었다. 그는 아버지 우라노스를 몹시 증오했다. "어머니, 제가 그 시명을

피디아스가 높이 12미터의 상아와 금으로 조각한 올림피아의 제우스 신상. 고대 7대 불가사의에 속한다.

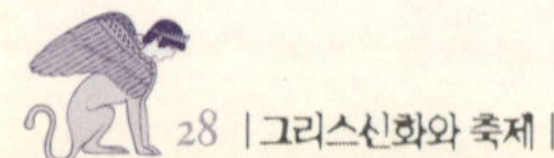

우라노스의 거세

떠맡을 것입니다. 왜냐하면 나는 우리 아버지의 사악한 이름을 전혀 존경하지 않기 때문이지요." 여기서 말하는 '사명'이란 우라노스를 제거하는 일이다.

그리스 시인 헤시오도스의 『신통기神統記』에 의하면[3] 우라노스는 카오스(혼돈)의 뒤를 이어 태어난 대지의 여신 가이아의 아들이었다. 대지에서 태어났으나 대지와 동격인 하늘의 신 우라노스는 제 어미인 가이아 여신과 성교하여 무시무시한 백수거인百手巨人 헤카톤케이레스Hecatoncheires와 외눈박이 거인 퀴클롭스Cyclopes 3명을 비롯하여, 신들의 일족인 티탄Tiatans들을 줄줄이 낳았다. 우라노스는 괴물 같은 자식들을 몹시 미워하여 모두 유폐시켜버렸다. 그러자 진노한

아들인 동시에 남편인 우라노스와 혼인한 대지의 여신 가이아

3| 헤시오도스는 호머와 쌍벽을 이루는 2대 서사시인으로서 '그리스 교훈시의 아버지'로 알려져 있다. 자유롭고 활달하여 오락성이 짙고 화려한 호머의 작품에 비해 그는 종교적·교훈적·실용적인 면이 두드러진 중후함을 나타내고 있다. 현존하는 작품으로 『신통기』와 『노동과 나날』이 있으며 다른 것은 단편에 지나지 않는다.

트로이가 함락되던 날 제우스 신전 앞에서 네오프톨레무스에 의해 죽임을 당하는 프톨레마이오스 왕

우라노스의 남근에서 흘러 나온 거품에서 태어난 아프로디테

두 명의 복수의 여신 에리니에스

가이아는 "나의 아들들아. 너희는 참으로 몹쓸 애비를 두었구나. 만일 너희가 나의 명령을 따른다면 우리는 너희 아버지의 부도덕한 행위를 벌줄 수가 있단다." 가이아는 티탄 중의 가장 어린 크로노스에게 아버지를 처치하라고 톱날이 달린 다이아몬드로 된 낫을 주었다. 이윽고 밤이 되자 우라노스가 사랑의 욕정을 품고 가이아에게로 다가왔다. 그때 몰래 숨어 있던 크로노스가 뛰쳐나와 아버지의 남근을 절단하여, 아카이아 지방의 '낫'을 의미하는 드레파논 곳의 바다에 이를 던져버렸다. 그러자 남근 주위에 정액의 거품이 모여 여기에서 머나먼 후일 사랑스런 미의 여신 아프로디테가 태어났다는 것이다.[41] 그러나 대지에 떨어진 흐르는 핏방울에서는 끔찍한 복수의 화신 에리니에스Erinyes가 탄생했다. 날개가 있고 머리카락은 뱀 모양을 하고 있으며, 항상 채찍과 횃불을 가지고 죄인을 좇아가 괴롭힌 뒤에 그들을 미치게 한다.

41| 그녀가 섬에 올라오자 에로스(큐피드)와 기타 여신들이 마중 나오고, 그녀가 가는 길에 꽃이 만발했다는 설도 있다. 아프로디테의 별명인 아나디오메네는 '바다에서 올라온 것', 키프리스는 '키프로스 섬사람' 이란 뜻이다.

특히 혈연살해자에게는 죽은 뒤까지도 복수를 멈추지 않고, 미래의 영
겁까지 그 영혼을 계속 책망한다.

자기자식을 집어삼키는 크
로노스

　　아버지의 지배권을 빼앗아, 자
기 형제들을 모조리 대지의 깊은 곳에
있는 타르타로스에 유폐시킨 크로노
스는 이른바 '네오프톨레무스의 벌'
이라는 운명의 굴레에 빠지게 된다.
그것은 자기가 남에게 저지른 행동의
대가를 나중에 자기가 그대로 받는 것
을 의미한다.

　　크로노스는 부모에게 그 자신
역시 자신의 아들에 의해 권좌에서 쫓
겨나게 되리라는 예언을 들었다. 그러
나 그는 숙명을 피할 수 있으리라 생
각하고, 자식들이 태어나자마자 그 자

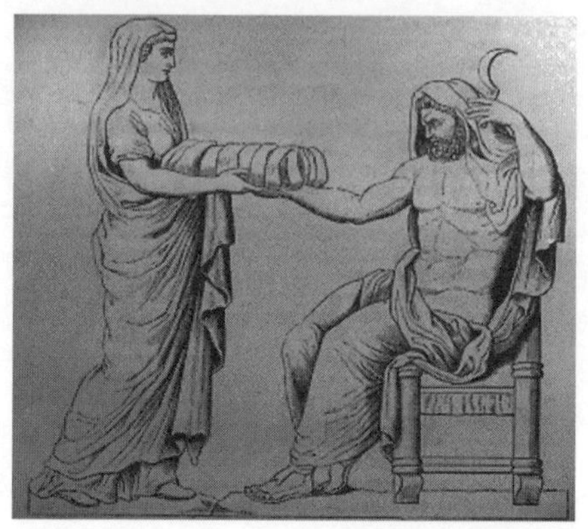

크로노스에게 천에 싼 돌을
아기라고 갖다 바치는 레아

리에서 통째로 집어삼켰다. 그러나 이 같이 잔인한 일이 수차례 번복되자 그의 아내이며 여동생인 레아는 매번 희생당하는 자식들에게 가이아가 느꼈던 것과 똑같은 연민을 느끼게 되었다. 그리하여 그녀는 천 속에 돌을 넣고 둘둘 만 다음 그것을 갓 태어난 여섯 번째 아기 제우스라고 속여, 크로노스가 아이 대신 돌을 집어삼키게 했다. 일설에 의하면

✤ 필리라와 크로노스의 아들 케이론

아킬레스를 가르치는 케이론

종이, 문서, 치유, 향수의 여신 필리라는 오세아노스와 테티스의 딸이었다. 그녀는 인류에게 종이 만드는 법과 글씨 쓰는 법을 가르쳤다. 필리라는 한때 크로노스의 구애를 받았다. 뒤늦게 아내에게 속아 돌을 삼켰다는 사실을 안 크로노스는 아기 제우스를 찾아서 온 대지를 찾아다니다가 필리라를 발견했다. 그들은 레아에게 들키지 않으려고 말로 변장한 채 말 떼 속에서 서로 희희낙락거렸다. 그 영향 때문인지 필리라가 아들 케이론을 낳았을 때, 그는 첫 번째 반인반마(半人半馬)의 켄타우로스가 되었다. 아들의 이상한 모습에 그만 충격을 받은 필리라는 크로노스에게 자신을 다른 모습으로 변형시켜 달라고 부탁했다. 그래서 크로노스는 그녀를 보리수나무로 바꾸어버렸다. 어머니와 마찬가지로 지혜롭던 케이론은 다른 켄타우로스처럼 술주정뱅이도 아니었고 매우 인자한 현자였다. 그는 나중에 영웅 아킬레스의 스승이 되었다.

레아가 돌멩이를 갖다 바쳤을 때, 크로
노스는 아이에게 젖을 주라고 명령을
내렸다. 그러자 레아는 가슴에서 젖을
짜냈고, 거기서 흐른 젖줄이 하늘을 수
놓는 은하수가 되었다는 설이 있다. 레
아는 아기를 몰래 크레타 섬에 사는 반
신반인의 쿠레스들에게 맡겼다. 쿠레
스들은 아이가 칭얼대는 소리가 동굴
바깥에 들리지 않도록 방패 위에 창이

세계의 배꼽 옴팔로스

쨍그랑 맞부딪히는 소리를 내기도 하고 계속 요란한 춤사위를 벌였다.
이때 춤이 세상에 처음 선을 보였으므로 그리스인들은 춤을 '신의 발명
품' 으로 간주했다.

크레타 섬에서 쿠레스들의 손에 키워져 장성한 제우스는 지혜의
여신 메티스Metis와 결혼했다. 제우스는 메티스가 알려준 대로 토제吐劑,
즉 구토약이 섞인 음식을 크로노스에게 먹여 자신의 남매들을 토하게
했다. 이때 크로노스는 마지막으로 삼켰던 돌을 맨 먼저 토했는데 제우
스는 이 돌을 '세계의 배꼽' 이라 하고,
세계의 중심인 델포이 신전이 있는 파
르나소스 산에 올려놓아 자신의 승리
의 증거로 삼았다. 크로노스는 시간,
즉 세월이 흐르면 모든 것이 사라지는
것이 자연의 이치인데 시간의 신인 크
로노스가 삼킨 것을 토해낸 것은 시간
을 거슬렀다는 것이다. 크로노스는 힘
을 잃고 대지의 가장 깊은 곳에 있는

크로노스

무한지옥 타르타로스에 갇히게 되었다. 크로노스가 삼켰던 자식들은 실제로는 제우스의 형과 누나들이지만 크로노스가 토할 때 제우스는 장성한 청년이었고, 형과 누나들은 갓난아기와 다름없었기 때문에 천상의 왕위 자리를 제우스가 차지하게 되었다. 그는 자신의 승리를 자축하는 의미에서 올림픽 제전을 거행했다는 것이다.

Ψ 엘리스의 국왕 이피토스

네 번째 신화는 엘리스의 왕 이피토스Iphitos와 관련이 있다. 당시 그리스의 여러 도시국가는 전쟁과 질병의 질곡에 끊임없이 시달리고 있었다. 그리스인들은 나라의 중대사를 결정할 때면 델포이의 아폴론 신전에 가서 신의 뜻을 묻곤 했다. "전란의 고통에서 국민들을 구하려면?" 대답은 "이피토스 왕과 엘리스 시민들은(신들의) 올림픽 경기를(인간 세계에서) 부활해야 한다"는 것이었다. 당시 그리스는 여러 개의 도시국가로 나뉘어 교전 중이었다. B.C. 776년에 이피토스 왕은 델포이 신탁에 따라 휴전을 선포하고 올림픽 경기를 개최했다. 그 후로 제전이 시작되면 그리스의 모든 도시국가들끼리의 전쟁이 중단되었다고 한다.

✤ 신탁의 기원

| 구덩이에 빠져 허우적대는 염소 |

델포이 신탁의 기원에 대해서는 여러 가지 설이 있다. B.C. 1세기 작가 디오도루스 시쿠루스Diodorus Siculus에 의하면 염소를 치는 목자 코우레타스 Kouretas는 어느 날 우연히 대지의 갈라진 틈에 빠져 허우적거리는 염소 한 마리를 발견했다. 이상하게 여긴 그는 그 틈으로 한 번 따라 들어가 보았다. 그런데 갑자기 신성한 존재가 자신을 충만하게 채우는 찰나에, 그는 현재를 통해서 과거와 미래를 한꺼번에 볼 수가 있었다. 이에 몹시 열광한 그는 자신의 신기한 발견을 마을사람들과 함께 공유했다. 많은 사람들이 앞을 다투어 그 장소를 방문하기 시작했고, 그 중 한 사람이 목숨을 잃는 의문사까지 발생했다. 그 이후로는 사제와 여사제 집단의 규제 하에, 오직 젊은 소녀들만이 그 곳에 접근할 수가 있었다.

델포이 신전에서 신탁을 전하는 무녀(미켈란젤로 작품)

| 새로운 예언의 신 아폴론의 등장 |

초기 신화에 따르면 원래 신탁은 법과 예언의 여신 테미스와 달의 여신 포이베의 소관이었다. 대지의 여신 가이아와 가이아의 아들인 지진의 신 포세이돈에게도 델포이는 역시 신성한 장소였다.[5] B.C. 11~9세기까지 그리스의 암흑기에 새로운 예언의 신 아폴론이 나타나 가이아의 문지기인 두 마리의 뱀을 쫓아버렸다. 또는 포이베와 테미스가 자진해서 아폴론에게 그

테미스 여신

자리를 내주었다는 설도 있다. 일설에 의하면 아폴론의 어머니인 레토는 아폴론에게 젖을 주지 않았다. 그때 테미스가 신들의 술 넥타르와 암브로시아를 자기 손으로 직접 어린 아폴론에게 먹여주었다고 한다.

디오도루스는 다음과 같은 이야기를 또 후세에 전했다. 테살리아의 에케크라테스Echecrates란 자가 어느 날 델포이 신전을 방문했다. 그는 신탁을 전하는 처녀 무녀를 넋을 잃고 바라보았다. 무녀의 눈부신 미모에 마음을 뺏긴 그는 그녀를 외딴 곳으로 끌고 가서 강제로 추행했다. 그리하여 델포이 인들은 처녀는 더 이상 예언자가 될 수 없으며, 오직 나이든 신녀만이 신탁을 전할 수 있다는 법령을 선포했다. 그리고 옛날의 처녀 여사제의 전통을 기리는 차원에서 늙은 무녀도 처녀의 옷을 입게 했다.

| 델포이의 신녀 피디아 |

당시 일반인들을 만나 아폴론의 신탁을 전하는 이는 잘생긴 아폴론이 아

5| 가이아의 또 다른 이름이 테미스라고 주장하는 사람도 있다.

니라, 아폴론 신전의 신탁소속 여사제로 델포이 여성 가운데 선발했다. 쉽게 우리말로 신이 내린 무당이다. 학자 마르틴 리치필드 웨스트Martin Litchfield West는 델포이의 신녀가 중앙아시아의 무당들과 비슷한 점이 많다는 것을 지적한 바 있다. 그러나 그리스 신녀와 중앙아시아의 무당 간의 어떤 연결고리에 대한 구체적인 증거는 아직 발견되지 않고 있다. 고대 그리스에서는 그녀를 피디아Pythia라고 불렀다. '피디아 경기'의 기원이다. 피디아가 낮은 목소리로 읊조리는 한마디 한마디가 그리스인들은 물론 각 도시국가의 문명을 갈랐다. 피디아가 아폴론의 뜻을 말해줄 때 앉는 의자가 있다. 아폴론이 준 다리 셋 달린 삼각의자tripod이다. 삼각의자는 그리스인들이 세계의 중심이라고 생각하는 파르나소스산 밑 델포이의 아폴론 신전에 그 상징물로 만든 원추형 돌, 세상의 중심, 세상의 배꼽을 상징하는 돌 옴팔로스omphalos 옆에 뒀다. 피티아는 아폴론 동상을 배경으로 옴팔로스 옆 삼각의자에 앉아야 제대로 된 아폴론의 생각을 읽고 의뢰인이 묻는 내용에 대해 바른 대답을 내릴 수 있었다.

델포이 신전의 무녀 피디아

Ψ 제우스냐 헤라클레스냐

고대 그리스의 많은 작가들이 올림픽의 기원을 알크메네의 아들 헤라클레스로 보고 있다.

❖ 알크메네의 출산

알크메네는 미모와 덕성이 뛰어난 여인이었다. 최고신 제우스는 인간의 영웅 중에서 가장 훌륭한 영웅을 인간 세계에 보내려고 궁리하다가 결국 알크메네의 몸을 빌리기로 했다. 그녀의 남편 암피트리온은 늘 싸움터에 나가 있었는데, 그 앞에서 설명한 대로 서정시인 핀다로스는 헤라클레스가 엘리스의 아우게이아스 왕으로부터 승리한 후 펠롭스의 무덤 앞에서 최초로 올림픽 경기를 개최한 것으로 기술했다. 신 중의 신 제우스냐, 아니면 인간영웅 중의 영웅 헤라클레스냐? 존 무라티디스John Mouratidis의 논문을 토대로 헤라클레스의 올림픽 기원설과 고대 올림픽경기에서 여성들이 배제된 이유를 한번 짚어보기로 하자.

헤라클레스의 올림픽 기원설은 펠로폰네소스 반도에 정착한 도리아인들에 의해 널리 전파되었다. 도리아인의 영웅인 헤라클레스가 그리스에서 가장 위대한 체전경기의 창시자가 되는 것은 너무나 당연지사처럼 들린다. 물론 그는 도리아보다는 미

헤라클레스를 낳는 알크메네

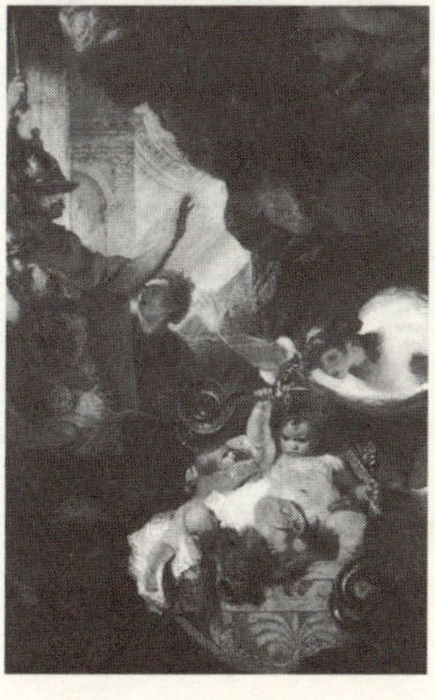

질투의 화신 헤라가 보낸 두 뱀을 양손으로 가볍게 눌러 죽이는 아기 헤라클레스

헤라클레스의 신성화. 신이 되어 제우스와 헤라의 딸이며 청춘의 여신인 헤베와 결혼한 헤라클레스

케네 혈통에 훨씬 가까웠지만 말이다. 도리아인들은 그들이 펠로폰네소스 반도에 정착하기 오래 전부터 이미 헤라클레스가 그들의 조상이었음을 선포했다. 도리아인들이 그렇게 주장하는 데는 나름대로 특별한 이유가 있었다. 강한 동시에 위대하다고 알려진 헤라클레스는 그리스인들 사이에서 가장 인기 있는 영웅이었다. 훌륭한 운동선수인데다, 악을 물리치고 온갖 역경 속에서도 굴하지 않고 사람들을 지키고 보호해주는 헤라클레스는 만인의 귀감이 되었다. 그는 미케네와 도리아를 모두 아우르는 범 그리스적인 영웅으로서, 그리스 전체 공동체에서 가장 많은 존경과 숭앙을 받았다. 그러다가 미케네 문명이 멸망하고 스파르타를 세운 도리아인들의 세상이 도래하자, 그는 순수한 도리아의 영웅으로 추대되었다.

호머의 『오디세이』에서 오디세우스는 멋진 활솜씨를 뽐내지만, 헤라클레스나 활쏘기의 명수인 메넬라우스의 아들 에우리토스만은 못하다고 겸손을 떨었다. 에우리토스는 헤라클레스의 활쏘기 스승이기도 했다. 요컨대 헤라클레스는 강한 남성의 심벌이었으며 최고의 기량을 자랑하는 운동선수였다.

일반적으로 학자들은 제우스 숭배를 B.C. 8세기 초로 잡고 있다. 이는 전통대로 올림픽 제전이 시작되는 시기와 거의 비슷하다. 그러나 이러한 견해는 올림픽 창시자로서의 헤라클레스의 역할을 상대적으로 과소평가하는 것이다. 존 무라티디스는 제우스가 올림픽에 등장한 시기는 이보다 훨씬 뒤인 제50회 제전부터라고 설명한다. 바로 그때 올림픽 경기에도 중요한 변화의 바람이 불었다. B.C. 576년은 제우스의 올림픽 등장과 헤라클레스의 퇴장이 동시에 일어나고 있다. 당시에는 과연 어떤 일이 발생하였을까? 그 해는 자기들의 왕 아우게이아스를 죽이고 도시를 약탈한 헤라클레스를 못내 증오하던 엘리스 인들이 피사를 누르고 경기의 주도권을 장악한 해였다(헤라클레스의 다섯 번째 임무 외양간의 청소를 참조할 것). 그리하여 50회 제전 이후부터는 헤라클레스가 아닌 제우스가 엘리스 인들이 주조하는 화폐나 공예품에 자주 등장하게 되었다. 올림픽에 제우스가 등장함에 따라 헤라클레스는 더 이상 인간영웅으로서의 경기자가 아니라 신이 되었다. 그리스인들 사이에서 헤라클레스의 인기는 너무도 대단했기 때문에, 그의 아버지로 내지되는 네 아무런 보상이 없을 수는 없는 노릇이었다. 그래서 그는 결국 인간에서 신으로 승격되었다.

제우스가 B.C. 776년부터 올림픽에 등장했다고 주장하는 사람들은 다음과 같은 난제에 부딪히게 된다. 그 당시에 올림픽은 별로 중요하지 않는 지역축제에 불과했다. 그런데도 사람들은 이 변변치 않은 축제를 최고신에게 헌정하려고 했을까? 호머의 제우스는 B.C. 8~7세기경에 올림피아에 지성소를 갖지 않았다. 이 기간 중에 올림피아에는 신보다는 영웅들의 숭배가 한창이었다. 당시에 발견되는 도자기 속의 그림들은 영웅들을 기리는 장례식이나 경기가 많다. 당시에는 제우스가 아니라, 알크메네의 아들

신들의 왕 제우스

헤라클레스

헤라클레스가 사람들로부터 숭앙받았다. 올림피아에서 발견되는 많은 청동제품을 보면 커다란 헬멧과 작은 방패와 창을 가진 용사들을 묘사한 것이 많다. 이처럼 헬멧을 쓴 조각상들은 헤라클레스를 대표했을 가능성이 높다. 초기에 헤라클레스가 전사로 찬양받을 때는 능동적이고 격투하는 모습이 주종을 이루었다. 그러나 후기에 신으로 격상된 후에는 수동적이고 선 채로 휴식을 취하는 모습이 많이 나타난다. 초기 헤라클레스의 이미지는 용감한 군인들의 보호자인지라, 겁쟁이들은 결코 영웅의 공감을 얻을 수가 없었다. 그리하여 서정시인 핀다로스는 헤라클레스를 올림픽 경기의 창시자로 공공연히 찬미하고 노래했던 것이다.

B.C. 8세기 경 헬멧을 쓴 두 운동선수가 나오는 작품이 있는데 그것은 다리 셋 달린 청동 삼각의자를 두고 다투는 헤라클레스와 아폴론의 격투신이다. 헤라클레스는 델포이에 있는 아폴론 신전에 신탁을 물으러 온 적이 있다. 그는 특유의 성질을 이기지 못하고 홧김에 친구를 살해하고 말았다. 자책감에 델포이 신탁에 들어갔으나, 아폴론의 여사제 피디아가 신탁을 해줄 수 없다면서 헤라클레스를 그냥 돌아가라고 하는 것이 아닌가? 화가

삼각의자를 놓고 다투는 헤라클레스와 아폴론. 올리브 나무 방망이를 든 헤라클레스가 삼각의자를 훔쳐가고, 오른쪽 월계관을 쓴 아폴론이 이를 제지하고 있다.

치민 헤라클레스는 신탁소를 뒤집어엎는 등 난동을 부렸다. 그는 무엇보다 신전의 주인인 아폴론이 신성하게 여겨 내린 삼각의자를 빼앗았다. 신들의 궁전 올림푸스에서 이를 지켜보던 아폴론은 기가 막혔다. 아무리 배다른 형제지만 인간인 주제에 신성한 도시 델포이를 쑥대밭으로 만드는 것도 모자라 자신이 아끼던 삼각의자를 가져간단 말인가? 아폴론은 삼각의자를 빼앗아 달아나는 헤라클레스를 뒤쫓았다. 그러나 불사의 신이지만 인간 중에서 가장 기운 센 헤라클레스와의 싸움은 만만치 않았다. 무슨 험악한 일이 벌어질지 모르는 찰나에 아버지 제우스가 벼락을 던져 둘의 싸움을 중단시켰다. 제우스의 명대로 삼각의자를 원래대로 델포이 신전에 갖다 놓았으나, 무녀 피티아는 헤라클레스에게 3년간 노예로 살 것을 명했다. 그리하여 그는 리디아의 왕비 옴팔레의 종이 되었다. 델포이 신전이나 삼각의자는 고대 도자기 그림의 주요한 소재가 되었다. 특히 아폴론과 헤라클레스가 삼각의자를 놓고 다투는 명장면을 다룬 도자기는 지중해 주변 각지에서 여럿 발굴된다. 그것은 헤라클레스가 좌충우돌의 '전사' 였음을 나타내는 것이다. 커다란 헬멧과 작고 둥근 방패, 창으로 무장한 전사가 올림피아에서도 여럿 발견되었는데, 이는 헤라클레스를 대표하는 것이다. 7세기 후반기 전후로 헤라클레스가 올림픽 경기의 창설을 축하하여 제물을 봉헌하는 부조가 있다. 반인반마의 켄타우로스에게 활을 쏘는 헤라클레스의 부조도 발견된다. 그러나 후일 올림피아에서의 봉헌은 헤라클레스로부터 제우스에게로 이양된다.

그리스 시인 아르킬로쿠스Archilochus는 칼리니코스Kallinikos란 형용사로 헤라클레스를 찬미했다. 칼리니코스는 공정한 경기와 승리의 통칭인

리디아의 왕비 옴팔레에게 봉사하는 헤라클레스

'화려하게 승리를 거둔'이란 의미가 담겨있다. 초기에 이 용어는 헤라클레스의 숭배칭호였다. 디오게네스 라에르티오스Diogenes Laertios에 의하면, 사람들은 악을 피하기 위해 칼리니코스란 별칭을 가진 헤라클레스의 이름을 출입문에 새겨놓았다. 에우리피데스의 『발광한 헤라클레스』에서 남성합창단은 헤라클레스를 기리기 위해 칼리니코스를 노래하고 춤춘다. 마치 델포이의 처녀들이 아폴론 신을 기리기 위해 춤추는 것과 흡사하다. 아폴론을 기리는 체전 동안에 처녀들은 신을 찬미하는 노래와 춤을 춘다. 피디안 제전 중에 신이 왕뱀 파이돈을 물리친 것을 기념하는 리라반주의 노래가 흘러나온다. 델포이 경기에는 올림피아가 항상 하나의 모델로 제공되었다. 올림픽이 헤라클레스의 승리를 축하하는 것이라면 피디안 제전은 아폴론신의 승리를 기념하는 축제이다. 아르킬로쿠스의 찬미가는 영웅선수를 기리기 위한 것이나 후일에는 제우스신을 위한 것으로 바뀐다. 모름지기 헤라클레스는 범 그리스적 영웅이며, 올림픽 제전은 평화와 화해의 장이다. B.C. 5세기경 아테네의 웅변가 리시아스는 헤라클레스를 올림픽의 창시자로 지명했다. 역사가 폴리비오스Polybios는 올림픽기간의 휴전을 정한 것도 헤라클레스였다고 주장한 바 있다. 그러나 헤라클레스가 영고불변의 화해자 내지 중재자의 역할을 담당할 수는 없었다. 그 이유는 첫째 전 그리스세계의 이목과 관심을 끌 정도로 올림픽의 명성과 권력이 커졌다는 점, 둘째 그리스의 체육경기자들에게 제우스가 신들의 제왕이며 평화 중재자로 인정을 받은 점, 셋째 헤라클레스의 자손이라 자부하는

아테네의 아크로폴리스

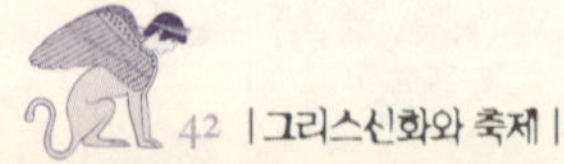

도리아인들의 스파르타가 지나치게 강성해진 점, 마지막으로 아테네 참주정의 출현을 들 수 있다. 페이시스트라토스의 참주정 시대가 열린 아테네에서는 테세우스의 전설이 다소 작위적으로 크게 부상했다.

아테네의 영웅 테세우스의 위대한 과업들은 도리아의 영웅 헤라클레스에 맞먹는 것으로 거론되었다. 페이시스트라토스 부자는 테세우스의 인기를 계속 정책적으로 부추겼다. 테세우스는 난폭하기 이를 데 없는 헤라클레스와는 달리 자애로운 영웅이다. 헤라클레스와 마찬가지로 그도 많은 축제와 경기를 시행했다. 이 아테네 영웅의 명성은 단지 아테네뿐만 아니라, 도리아의 영웅 헤라클레스와 맞먹는 이오니아계의 전체 영웅으로 격상되었다. 기록에 의하면 헤라클레스에게 최초로 신성성을 부여한 것도 바로 아테네인들이었다. 그러나 헤라클레스의 숭배는 테세우스의 그것보다 훨씬 뿌리가 깊은 것이었다. 테세우스는 그리스인들 사이에서 우정과 화해의 역할자로 부상하기에는 아무래도 역

지옥의 개 케르베로스를 잡
는 헤라클레스

부족이었다. 또한 헤라클레스는 테세우스의 생명의 은인이기도 했다.

라피테스족 출신 페이리토오스는 테세우스와의 영원한 우정으로 유명하다. 그는 테세우스가 나중에 트로이 전쟁의 불씨가 된 말썽꾸러기 미녀 헬레네를 납치하는 것을 도와준다. 마찬가지로 테세우스는 페이리토오스가 데메테르 여신의 딸인 페르세포네를 구출하는 것을 돕기 위해 함께 하계로 내려간다. 하데스 왕은 이 둘을 환영하는 체하면서 의자를 권하고 앉으라고 하였다. 그러나 그들이 의자에 앉자마자 그 자리에서 일어날 수가 없었다. 그 의자는 '망각'의 의자였다. 일설에 의하면 그들이 앉자마자 뱀들이 넓적다리를 칭칭 감았다는 이야기가 있다. 또는 돌이 저절로 자라서 넓적다리를 결박했다는 이야기도 있다. 이 일이 있은 4년 후에 헤라클레스가 그의 12번째 과업으로 지옥문을 지키는 개 케르베로스를 잡으러 내려 왔을 때까지 그 둘은 그대로 앉아 있었다. 헤라클레스가 테세우스는 구출했지만 페이리토오스는 구출하지 못해 페이리토오스는 아직도 죽음의 골짜기에 그대로 앉아 있다는 것이다.

말년도 불운했던 영웅 테세우스보다는 그 당시에는 신들의 제왕 제우스가 전체 헬라스의 조정자로 등장하기에 잘 맞아떨어지는 시기였다. 그리스인들은 범 그리스적 신으로 제우스를 선택하는 것의 정치적인 중요성을 잘 인식하고 있었다. 왜냐하면 제우스는 유일하게 그리스의 합일을 대표하며, 그의 숭배는 지역적·부족적인 차원을 넘어 헬레니즘 세계를 표방했기 때문이다. 제우스가 올림피아에 등장한 이후부터 헤라클레스는 올림피아뿐만 아니라 전 그리스 세계에서 영웅 신으로 대접받게 되었다. 또한 신으로 승격한 그가 생전에 했던 12가지의 과업들이 올림피아의 제우스 신전에 부조로 조각되었다. 그리스 동남부의 아티카 지방에는 헤라클레스의 신전들이 있다. 헤라클레스는 특히 김나지움이란 체육관과 밀접한 연관이 있으며, 거기에서는 헤라클레스를 기리는 경기가 거행진다. 에우보에아, 타소스, 마라톤, 로데 경기도 헤라클레스를 기리는 것이다. 자의든지 타의든지 올림픽 경기를 아버지 제우스에게 양보한 헤라클레스는 헤르메스 신과 더불어 김나지움의 수호신으로 간주되었다.

현명하고 용감한 신 헤라클레스여! 그대는 강줄기를 이용하여 아우게이아스 왕의 횡포 탓에 대지가 끊임없이 올려 보내는 더러운 악취를 깨끗이 청소함으로써, 엘리스 도시의 역병을 정화시켰노라.

※ 고대 올림픽은 왜 여성을 배척했는가

여성들이 올림픽 경기에 참여하지 않게 된 것은 대관절 무슨 연유인가? 여성들은 경기 기간 중에는 알페이오스 강을 건너는 것조차도 금기사항이었다. 여성들은 종교적 전통에 따라 고대 올림픽에 참가할 수도, 관람할 수도 없었다. 만일 이를 어긴 여성이 발각되면, 티파에움 산의 절벽에서 아래로 떨어지는 무서운 죽음의 형벌을 받았다. 유일하게 예외적인 경우는 칼리파테이라Kalipateira는 여성이었다. 그녀는 부친과 형제들, 그리고 아들이 모두 올림픽경기의 승리자였다는 이유로 특별사면이 되었다.

B.C. 404년 로데스에서 온 한 여인이 치렁치렁한 긴 머리를 자르고 남장을 한 채 경기장에 몰래 들어간 적이 있었다. 이 여인은 복싱 명문가에서 태어났으며 그녀의 아버지와 남동생은 모두 올림픽 챔피언이었다. 그녀의 남편 역시 올림픽 복싱챔피언이었다. 이들 부부는 아들을 꼭 올림픽 챔피언으로 만들 것을 다짐했다. 그런데 불행하게도 아들의 코치를 담당했던 남편이 갑자기 사망하는 이변이 발생했다. 고대 올림픽의 규정에 따르면 코치가 없는 운동선수는 경기에 참가할 수가 없었다. 또한 임시로 코치를 교체한다는 것도 불가능했다. 아들이 챔피언을 할 수 있도록 하기 위해 이 칼리파테이라는 여성은 자신이 직접 남장을 하고 아들의 코치를 담당해야겠다는 기발한 착상을 하게 되었다.

드디어 긴 노정 끝에 올림피아 경기장에 도착했을 때, 이 두 모자는 서로 부둥켜안고 승리의 각오를 다졌다. 그녀는 아들에게 자신이 제우스신의 가장 용감한 전사임을 잊지 말아야한다고 당부하면서 아들의 사기를 북돋아주었다. 그녀는 경기 직전에 긴장한 선수의 심리도 잘 헤아리는 노련한 코치였다. 경기가 시작되자 그녀의 아들은 한 명, 또 한 명의 적수를 차례대로 물리쳤으며 결국 챔피언으로 등극했다. 복싱경기가 고대 올림픽에서는 가장 중요한 경기였고, 또 사람들이 복싱챔피언을 가장 숭배했기 때문에 경기가 끝난 경기장은 하늘이 떠나갈듯 한 함성으로 들끓었다. 남장을 한 어머니는 그 누구보다도 격동을 참을 수 없어 관중석에서 뛰어나와 아들을 향해 달려갔다. 아들을 품에 안은 어머니는 흥분을 감추지 못하고 아들의 얼굴에 마구 키스를 퍼부었다. 그녀의 동작이 지나쳤기 때문에 공교롭게도 머리에 썼던 튜닉의 두건이 벗겨졌다. 그러자 '앗' 하는 일성과 함께 여성의 신분임이 사람들 앞에서 낱낱이 드러났다. 경기장 내의 모든 관중이 아연실색하였으며, 그녀를 붙잡아 처형하라는 분노의 함성이 터져 나왔다. 뒤늦게야 정신을 차린 그녀는 사람들에게 아버지와 남동생, 남편 모두가 복싱 챔피언이었고 지금은 또 그녀가 키운 아들이 챔피언을 했기 때문에 자신의 가문이 올림픽을 위해 이렇게 큰 공을 세운만큼 자신을 처형해서는 안된다고 외쳤다. 어머니의 이 같은 열변은 가장 결정적인

나체의 운동선수를 트레이닝 시키는 여인

비록 고대 올림픽이 여성의 참가를 금지하는 법률조항이 엄격했지만 그래도 예외가 없는 것은 아니었다. 첫째, 대지의 여신 데메테르를 모시는 여사제의 관람은 필수적이었다. 그녀가 올림픽을 참관해야만 올림픽 경기가 정식으로 인정받을 수 있었다. 그녀의 좌석은 지금도 스타디움 북쪽에 남아 있다. 둘째, 고대 올림픽은 비혼여성이 말과 마차를 소유하고 있는 조건에서 기수 한명을 구해 마차와 전차경기에 참가할 수 있다고 규정했다. 고대 그리스인에게는 오직 한 가지 성gender을 위한 종교축제가 많았다. 그들은 남성과 여성이 인생에서 각자 다른 역할을 맡고 있다고 믿었다. 단지 남성들이 나체로 경기를 하기 때문만이 아니라, 전차경주나 달리기를 제외한 나머지 체육종목은 여성이 참가하기에는 그다지 적합하지 않았다. 실제로 여성들은 남성들과 함께 전차경주에 참가하기도 했다. 고대 올림픽의 첫 우승자는 스파르타 국왕의 여동생이었다. 스파르타는 유일하게 여성이 공공장소와 스포츠 경기장에 나타나는 것을 허용한 도시였다. 그렇기 때문에 국왕의 여동생은 참가의 기회를 가졌고, 또 우승할 수 있었다.

대지의 여신 데메테르

✤ 스파르타 여성의 스포츠 교육

스파르타의 수호신이며 전사로 알려진 아르테미스 여신

어느 도시국가의 그리스 여성도 스파르타 여성들이 누리는 것과 똑같은 자유와 특권을 누린 적이 없었다. 다른 도시국가의 여성들은 대부분 문맹이었으나, 오직 스파르타 여성만이 공교육을 받았고 오직 스파르타 여성만이 스포츠 활동을 했다. 오직 스파르타 여성만이 경제적인 힘과 영향력을 행사했다. 철학자 아리스토텔레스는 스파르타 재산의 1/3을 모두 여성이 차지했다고 언급한 적이 있다. 이에 몹시 충격을 받은 다른 도시국가의 남성들은 다음과 같이 놀란 심정을 토로했다. "스파르타 여성들은 자기들의 의견을 갖고 있으며, 공공장소에서 말하는 것을 전혀 두려워하지 않는다. 더욱 기가 찰 노릇은 남편들이 제 여편네 이야기를 듣는다는 것이다!" 아테네의 풍자작가 메난드로스는 한 술 더 떠서 아주 지독한 언사를 내뱉었다. "아니 계집에게 읽기와 쓰기를 가르친다고? 왜 그렇게 끔찍한 일을 하는 거지! 마치 독사에게 더 많은 독을 퍼 먹이는 바보짓과 다를 게 없지 않은가?"

스파르타 여성에게 결혼은 전혀 낭만적인 예식이 아니었다. 예비신부는 밤에 구혼자가 납치해간다. 머리를 자른 여성은 남장을 하고 어둠 속에서 짚자리 침대 위에 조용히 누워있어야만 했다. 그녀는 오직 '출산'의 목적을 위해 새신랑과 조우한다. 처녀는 결혼을 통해서 비로소 완전한 성인여성이 될 수 있었다. 스파르타의 남성은 누구나 아내를 유괴할 수가 있었다. 다산을 기리는 이러한 독특한 결혼관행은 스파르타사회를 '다처일부제'(또는 '일부다처제')로 이끌었다. 아이를 낳아도 스파르타 여성은 아이양육에 별로 관여치 않으며, 보모들이 아이를 전문적으로 관리했다. 또한

달리는 스파르타 여성. 짧은 튜닉을 걸쳤는데 오른쪽 가슴을 대담하게 드러낸 채 맨발로 달리는 역동적인 모습

스파르타의 여아는 남아와 마찬가지로 체력검사를 받았다.

스파르타에서 여성이 이렇게 특수한 가치를 갖게 된 데는 다음과 같은 이유가 있다. 스파르타는 3만 명이 안 되는 소수의 노예주와 귀족이 30여만 명의 대다수 노예들을 통치하는 사회였다. 스파르타식의 지배자와 피지배자간의 억압적인 주종 관계는 항상 첨예한 대립을 이루었다. 노예의 수가 노예주보다 무려 9배나 많았기 때문에, 스파르타의 노예주들은 양호한 종족자질을 유지할 수 있기를 원했다. 이러한 배경하에서 스파르타의 여성들은 건강한 아이를 낳고 키워야 하는 의무와 책임이 있었다. 스파르타인은 여성을 튼튼하게 훈련시켜야만 건강한 후예를 출산하고 기형아를 줄일 수 있다고 인정했기 때문에 종족의 자질향상을 위해 스파르타의 여아는 7세부터 18세까지 남아와 마찬가지로 각종 스포츠 트레이닝에 참가했다.

Ψ 헤라 경기대회

비록 여성 챔피언의 기록이 있었지만, 고대 올림픽이 여성참가를 금지하는 것은 줄곧 가장 중요한 원칙으로 되었다. 기혼여성들은 올림픽 입장을 거부당했지만 미혼여성들은 B.C. 6세기경부터 역시 같은 장소인 올림피아에서 '오직 여성only-women만'의 축제인 헤라 경기대회를 가질 수 있었다. 4년마다 한 번씩 열린 이 대회는 16명의 여성이 주관했다. 이 여성들은 또한 질투심 많은 여신 헤라를 위한 옷을 정성스럽게 지었다. 2세기 후반에 활약한 그리스의 여행가 · 지리학자 · 저술가인 파우사니아스에 따르면 경보경주dromos가 주된 경기였으며, 연령별로 세 그룹으로 구분된 처녀들이 서로 기량을 겨루었다고 한다. 파우사니아스는 이 처녀선수들이 올림픽에도

헤라 여신

출전을 했지만 코스의 길이가 160m, 즉 192m인 남성들 코스의 1/6정도 밖에 안 되었다고 덧붙였다. 경기의 마지막 날에는 '미의 경연'이 있었다. 물론 남성들의 올림픽 경기 규모에 비할 바는 아니었지만, 그래도 그리스인들은 헤라경기대회를 하나의 스포츠 제전으로 인정했다. 또 우승한 여성에게는 응분의 예우를 했다. 파우사니아스에 따르면 "우승한 처녀는 올리브관과 헤라여신에게 봉헌된 제물소의 일부를 상으로 받았다." 이는 올림픽에서 우승한 남성경기자가 제우스에게 헌정된 제물소의 일부를 가져가는 것과 마찬가지 원리이다. 또한 승리자는 헤라 신전에 조각상을 새겨 자신의 영광스런 모습을 후세에 남길 수도 있었다. 바티칸 박물관의 '달리는 처녀'의 상도 역시 그 중 하나일 것이다. 달리는 처녀의 옆에 있는 야자수 가지는 빛나는 승리의 상징이다. 헤라 경기대회에 대한 그리스인의 찬양과 존경심, 또 처녀선수들의 일부출전은 철저한 여성금지구역인 올림픽에도 간접적으로나마 여성이 존재함을 엿볼 수 있는 대목이다.

황금샌들을 신고 걷는 하늘의 여왕 헤라여. 그대는 항상 순수한 처녀이노라. 왜냐하면 그대는 정기적으로 아르고스 근처 카나토스의 샘에서 목욕재계하고 잃어버린 처녀성을 회복하기 때문이네!

헤라 경기대회는 헤라와 영웅을 연결시키는 매듭고리이다. 헤라는 하나의 여성영웅이라 할 수 있다. 헤라 제전Herarea에서는 올림픽에서 선발된 영웅을 받아들일 가치가 있는 처녀 헤라를 선발한다. 영웅승

배사상에서 비롯된 올림픽은 두 성性의
영웅을 동시에 제공하는 셈이다. 이러한
남성과 여성의 결합은 가장 상서로운 우
주적 결합이라 널리 칭송받았다. 또한
헤라가 천상의 여왕인 이상, 헤라가 주
관하는 결혼은 우주조화의 원리로 간주

헤라신전

되었다. 동양의 음양원리와도 유사하다고 볼 수 있다. 그럼에도 불구하
고 그리스의 최대제전인 올림픽이 여성을 배척한 이유는 무엇인가?

♆ 제우스는 여성혐오자인가

여기에 대한 해명이 구구하다. 그 첫 번째 이유로 고대 그리스
보호신과 연관짓는다. 이런 보호신은 여성에 대한 편견이 많았기 때문
에 여성이 성스런 경기에 참가하게 되면 용사들의 전투력을 떨어뜨리
는 동시에 신에 대한 불경 내지 모독죄라 여겼다. 그렇기 때문에 고대
올림픽에서는 '여성금지'가 하나의 관례처럼 계속 이어져 내려왔다는
것이다. 물론 올림픽은 신성한 장소였다. 그래서 데메테르 여신의 여사
제를 빼놓고는 남성의 올림픽경기에 여성들은 참가할 수가 없었다. 군
사제전에 여성의 존재는 출정하는 전사에게 치명적이라 여겨졌기 때문
이다. 그러나 이러한 논거는 약간 설득력이 떨어진다. 왜냐하면 제우스
는 전쟁의 신이 아니라, '평화의 중재자'였기 때문이다. 또한 제우스는
최고의 바람둥이로 유명하지 않은가? 올림푸스 신의 절반 이상이 다 그
의 자손이며, 여러 여신과 님프들, 인간은 물론이고 유부녀와도 정을
통하여서 정실부인인 헤라와 불화가 끊이지 않았다. 다음의 시는 에이
레 시인 예이츠가 지은 『레다와 백조』이다. 아에톨리아의 왕녀 레다가

강에서 목욕하는 것을 보고 욕정이 동한 제우스신이 백조로 변하여 레다를 범하였는데, 이 교접에서 트로이 전쟁의 원인이 된 미녀 헬레네가 태어나게 되었다. 이 시는 그리스 문명의 태동을 상징하는 시로 읽히고 있다고 한다.

갑작스러운 덮침. 백조의 커다란 날개가 비틀거리는 소녀의 머리위에서 퍼덕거리자 소녀의 허벅지가 백조의 검은 날개 판에 애무당한다. 소녀의 목은 백조의 부리에 잡혀 있고, 백조로 변한 제우스는 당황하는 소녀의 가슴을 자신의 가슴에다 끌어안는다.

놀란 소녀의 맥없는 손가락은 깃털의 영광을 밀어내지 못하고 소녀는 허벅지를 벌리면서 그를 받아들인다. 그 하얀 습격에 내 맡겨진 육체는 이상하게도 가슴의 뜀박질을 느낀다. 사타구니에 느꼈던 그 전율이 허물어진 성벽, 불타는 지붕과 성탑, 그리고 죽은 아가멤논을 가져 왔다. 소녀는 그처럼 백조에 사로 잡혔고 허공 중에 뜬 피에 의해 짓밟혀졌다.

백조로 변장하여 레다를 유혹하는 제우스

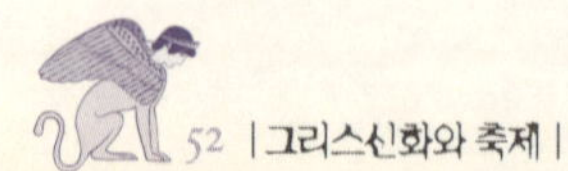

그러니 욕정을 채운 백조가 소녀를 떼어 놓기 전, 과연 소녀는
제우스의 권능과 지혜를 전달 받았을까?

-윌리엄 버틀러 예이츠-

Ψ그리스인들의 나체 심미관

두 번째 이유로는 남성선수들의 나체경기를 꼽는다. 선수가 나
체로 경기에 참가했던 것을 여성을 배제한 중요한 원인으로 본 것이다.
과연 고대 그리스인들은 여성이 남성의 알몸을 보는 것이 도덕과 풍기
를 어지럽힌다고 생각했을까? 고대 그리스 철학자들은 전신알몸이 고
대 그리스 특유의 습관이며 천만 지당한(?) 일이라고 주장했다. 독특한
국가관으로 유명한 철학자 플라톤 역시 철학적으로 성찰하고 강의하며
저술활동을 하는 시간 외에는 김나지움에서 짬짬이 몸매관리에 전념했
던 것으로 알려져 있다. 그리스인들에게 운동은 철학이나 정치토론, 경
제활동만큼이나 중요했다. 그래서 모든 도시국가에는 종교활동의 장인
아크로폴리스와 경제활동의 장인 아고라, 교육과 오락의 장인 극장과
함께 시민건강을 위한 김나지움이 반드시 있어야 했다. 고대 그리스인
들은 자신의 건장한 체구를 보여주는 것을 신을 숭상하는 고상한 활동
으로 삼았다. 오늘날 한국에서 몸살을 앓고 있는 다소 기형적인 '몸짱'
신드롬과는 다르다. 건강하고 아름다운 체구에 대한 그리스인의 숭상
은 신령에 대한 숭상과 마찬가지로 순박한 것이었기 때문에 여성들이
남성의 알몸경기를 보는 것이 풍기를 어지럽히는 일이라 보는 것은 현
대인의 시대착오적인 견해일 수도 있다.

그리스에서 체조라는 단어는 고대 그리스의 '나체' 란 단어에서
유래했다. 그리스 어원을 지닌 김나지움gymnasium은 김노스gymnos, 즉

스파르타의 젊은 여성들에
드가 드가의 작품)

'벗었다'는 의미이다. 이는 고대 그리스 시기에 나체체육을 숭상했음을 알 수 있다. 고대 올림픽은 제우스신에게 바쳐진 스포츠 제전이었으므로 올림픽의 제1관객은 다름 아닌 제우스 자신이었다. 그래서 올림픽 스타디움은 제우스 신전에 모셔져 있는 제우스 신상이 굽어보는 곳에 자리잡고 있다. 따라서 제우스신 앞에 선수들이 벌거벗은 몸매를 드러내는 것은 당연했다. 벌거벗는 것은 수치가 아니라 오히려 깊은 경건함의 표시였다. 나체경기의 풍습은 고대 그리스인들의 사회, 문화, 생활에 일정한 영향을 미쳤다. 특히 고대 그리스인의 조각에 최상의 조건을 제공해주었다. 유명한 조각가들이 창작한 조각예술진품은 고대올림픽에 참가한 나체경기자들의 늠름한 자태를 남김없이 보여주었으며 사람들에게 건강하고 조화된 인체미와 매력을 보여주었다. 이러한 관점에서 보면 나체경기는 결코 고대 올림픽에서 여성을 배척한 결정적인 요인이 되지 않는다.

위의 그림은 스파르타 여성이 김나지움에서 남성들과 어울려 거리낌 없이 체육을 하는 장면을 여과 없이 그대로 보여주고 있다. 그러나 스파르타는 그리스의 여타 다른 국가들과는 달랐다. 아무리 고대 그리스인들이 나체를 보는 일상풍경에 익숙해져 있다고 할지라도 스파르타 처녀들의 의상은 그리스남성들의 조롱감이 되었다. 때문에 스파르타의 말괄량이(?)들은 뻔뻔한 "넓적다리의 과시자" 또는 "벗은 넓적다리의 헤픈 여성"이라는 그다지 명예롭지 않은 별명을 얻었다. 그리하여 이른바 '도리아 패션' 이라 하면, "자유롭게 신체의 대부분을 드러내는"

파격적인 노출패션을 의미하게 되었다. 그래서 『고대 성생활의 저자』 한스 리히트Hans Licht는 다음과 같이 다소 맥빠지는(?) 결론을 내렸다. 물론 근대사회에 비해 고대 그리스 사회가 훨씬 관용적인 나체관을 지니고 있었던 것은 사실이나 어느 정도 제한이 따랐다. 전체 또는 부분적인 나체에 대해 수용적이었으나, 나체에 대한 수치와 금기사항도 엄연히 존재했다는 것이다. 리히트는 이를 오리엔트 문화의 영향으로 보고 있다. 즉 에덴의 동산에서 쫓겨난 후 나체에 대해 수치나 죄의식을 갖는 고대 극동지방의 헤브루 문명의 영향 때문이라는 것이다.

Ψ 그리스 여성의 낮은 지위

세 번째 이유로 그리스 여성의 낮은 지위를 든다. 규정을 어긴 여성에 대한 고대 그리스의 처벌방식으로 보아도 기타 방식과는 더 잔인하고 종교적인 색채가 농후함을 알 수 있다. 호머시대 여성의 지위는 아주 낮았으며 단지 남자의 소유물로만 간주되었다. 이들의 존재가치는 가축의 수량으로 헤아려졌다. 노예제의 발전과 사유제의 확정과 함께 고대그리스는 비록 아주 일찍부터 일부일처제를 실시했지만 고대그리스 여성들은 그 어떤 권리도 없었으며 재산계승권도 없었고 그 어떤 사회활동에도 참가할 수 없었다. 고대그리스의 귀족여성은 남자로 말하면 단지 아이의 어머니, 가정주부, 여성노예에 불과했기 때문에 노예제를 실시했던 아테네도 법률적으로 여성이 선거권이 없음을 명확히 규정했다. 아테네에서

데이아네이라와의 숙명적인 만남

아폴론 신에게 추격당하는 다프네

머리카락이 온통 뱀으로 뒤엉긴 흉측한 메두사

한 명의 남자애가 태어나면 사람들은 문 앞에 올리브나무로 엮은 화환을 걸어두고 이 가정에 행복이 도래했음을 알렸다. 만약 양털로 만든 두건이 문밖에 걸려있는 것을 보게 되면 사람들은 황망히 도망갔다. 그것은 이 가정이 신이 보호하는 가정이 아님을 예시하고 갓 태어난 아기가 여자애임을 알려주었기 때문이다. 노예제 도시였던 아테네의 여성 역시 지위가 아주 낮았으며 이들은 교육을 받을 권리도, 스포츠를 향유할 권리도 없었다. 여성의 낮은 지위는 그리스의 가부장권이 확립되면서, 즉 초기 선사시대에서 역사시대로 내려갈수록 더욱 강화되었다. 5세기 말경 교육, 스포츠, 사회생활에서 소외된 채 집안에만 갇혀 있던 여성들이 더 많은 자유와 권리를 요구하는 움직임이 극중에서 나타나기도 하지만, 결과적으로 이러한 요구는 그리스사회에서 관철되지는 못 했다. 일반적으로 그리스 기혼여성들은 처녀시절보다는 좀 더 많은 자유를 누렸다. 그럼에도 불구하고 올림픽에 유독 처녀선수들만 부분적으로 출전했던 사실은 (물론 올림픽 참가가 여성지위를 가늠하는 잣대가 될 수는 없을지라도) 여성기피증이 유독 여성의 낮은 지위 때문이기보다는, 그리스인의 이중적인 여성관에서 기인한 듯싶다. 여성은 남성에게 의

존적인 유약한 존재인 반면에, 남성에
게 불행과 악을 가져오는 유해한 존재
이기도 했다. 대개 신화 속에서 신들
과 교제하는 여성들은 세상의 때가 묻
지 않은 천진난만하고 아름다운 처녀
들이다. 제우스나 아폴론 신의 정욕의
대상이 되는 다나에, 이오, 다프네 등
은 신의 아들을 잉태하거나, 희생물이
되거나 아니면 자연의 일부로 화해버

재앙의 상자를 여는 판도라

렸다. 눈가에 해맑은 이슬을 머금은 듯한 숫처녀에서 누구나 눈이 마주
치는 순간 돌로 화해버린다는 메두사처럼 끔찍한 괴물에 이르기까지
그리스 여성의 이미지는 그야말로 천차만별이다. 성경의 최초의 여성
이브와 마찬가지로 그리스 최초의 여성 판도라 역시 인류에게 온갖 재
앙을 가져오는 상자를 여는 악역을 담당했다.

Ψ 헤라클레스의 기원

마지막으로 존 무라티디스의 견해를 소개하기로 한다. 그는 올
림픽의 창시자인 헤라클레스의 영향력 때문에 올림픽이 금녀구역이 되
었다고 주장한다. 그렇다면 근육질의 남성 헤라클레스도 역시 여성혐
오자이기 때문인가? 신화에 따르면 그의 세 번째 부인 데이아네이라의
질투가 어처구니없게도 영웅의 죽음을 불러왔다. 속옷의 기원이 되는
'네소스의 튜닉'은 헤라클레스를 죽인 히드라의 독이 묻은 셔츠를 의
미한다. 그래서 그런지 특이하게도 헤라클레스 신전에서는 모든 여성
출입이 금지되었다.

❋ 헤라클레스의 죽음

헤라클레스의 고통스런 죽음

어느 날 헤라클레스와 그의 아내는 에우에노스 강을 건널 일이 있었다. 그 때 비가 많이 와서 물은 불어 있었고, 마침 반인반마의 켄타우로스인 네소스가 나타나 데이아네이라를 업어 강을 건너 주겠다고 했다. 헤라클레스가 아직 물속에 있는 틈에 재빨리 강을 건넌 네소스는 데이아네이라를 겁탈하려고 했다. 아내의 비명소리를 듣고 헤라클레스는 재빨리 화살을 날려 네소스의 심장을 관통시켰다. 헤라클레스의 화살에는 히드라의 독이 발려져 있어, 그 맹독은 삽시간에 네소스를 죽음으로 몰아가고 있었다. 네소스는 숨이 넘어가기 직전에 데이아네이라에게 자신의 피를 주면서 만일 남편에게 다른 여자가 생기면 이 피가 묻은 옷을 입히라고 거짓 충고했다. 그러면 남편의 애정이 다시 당신에게 올 것이라고 속삭였다. 어리석은 데이아네이라는 그의 말을 그대로 믿었다. 그리고 얼마 후 헤라클레스가 포로로 데려 온 아올레라는 여자를 본 데이아네이라는 네소스의 피를 생각해 냈다. 헤라클레스가 제우스신에게 제사를 올리려고 예복을 가져오라고 고향으로 사람을 보냈을 때, 데이아네이라는 그의 예복에 네소스의 피를 슬쩍 묻혔다. 그것도 모르고 헤라클레스는 그 예복을 입었다. 그러는 사이 데이아네이라는 그만 실수로 네소스의 피를 마룻바닥에 떨어뜨렸다. 그러자 그 피는 떠오르는 태양의 빛을 받더니 홀연히 연기로 화해버렸다. 그제야 그것이 맹독임을 알아차린 그녀는 서둘러 사자를 보내 경고했으나 이미 때는 늦었다. 히드라의 독이 온 몸에 퍼져 숨이 넘어가고 있는 헤라클레스의 살이 찢어지는 고통을 본 순간 데이아네이라는 자신의 크나큰 잘못을 깨닫고 스스로 목숨을 끊었다. 이 비운의 여성은 남편을 사랑하는 아내가 식어버린 남편의 애정을 되돌리려다가 반대로 남편을 죽이게 되자 자신도 목숨을 끊는 소포클레스의 비극 「트라키스의 여인들」에 등장한다.

헤라클레스는 죽어가는 몸으로 장작더미를 쌓아 자기를 그 위에 올려놓게 하고 침착하게 불을 지피도록 명했다. 불길이 하늘로 치솟을 때, 하늘에서 이를 보던 제우스신은 벼락을 내려 헤라클레스를 하늘로 끌어 올렸다. 이렇게 화장된 영웅은 하늘에서 신이 되어 헤라의 딸 헤베와 결혼을 하였고, 이로 인해 헤라여신의 헤라클레스에 대한 저주도 풀렸다.

밀레토스에서
의 헤라클레스 숭배의
식에서도 여성들은 배
제되어있었다. 이오니
아 지방의 에리트라이
아Erythrae 지방에서도
헤라클레스의 숭배전
통이 있었는데, 트라키
아 출신의 여성들을 제
외하고는 모든 여성의

나체로 활을 쏘는 헤라클레스

입싱이 금지되었다. 낭시 트리기아 여성들은 대부분이 노에였기 때문
에 인간이라기보다는 '동산' 으로 취급되었다. 한편으로 노예들이 이러
한 특혜를 누리는 것은 아마 헤라클레스 자신이 헤라의 노여움을 사서
오랫동안 노예생활의 질곡을 몸소 체험했기 때문일 것이다. 고고학적
유물의 발굴결과에 따르면, 타소스의 헤라클레스의 지성소에서도 여성
출입이 금지되었다고 한다. 그리스뿐만 아니라 로마에서도 여성들은
헤라클레스의 신전에 들어갈 수가 없었다. 또한 헤라클레스에게 제물
을 봉헌하는 의식에도 여성들은 참관할 수가 없었다. 즉 여성의 존재가
영웅의 힘을 감소시킨다고 믿었기 때문이다. 전통에 따르면 헤라클레
스는 가장 뛰어난 전사이며 영웅 중의 영웅이다. 그러니 그의 제식에
여성이 차지할 자리는 없는 것이다. 만일 올림픽이 헤라클레스를 기리
는 축제였다면, 여성은 자연적으로 제외될 수밖에 없다. 이러한 금기사
항은 올림픽 경기의 역사를 통해 존속하였다. 때문에 제우스가 등장한
이후에도 오직 데메테르의 여사제만이 경기에 참관할 수가 있었다. 이
러한 주장은 헤라클레스가 꼭 실존인물이 아니더라도, 고대 그리스인

나체로 뛰는 선수들

의 헤라클레스에 대한 숭배의식 속에서 그 실마리를 찾을 수가 있을 것이다.

물적 증거의 결핍과 고대사료의 상반된 모순성 때문에, 오직 한 가지 가설과 검증만으로는 왜 고대올림픽이 여성을 배척하였는지를 설명하기 어렵다. 그리스인의 여성관, 나체관, 더 나아가 세계관, 또 여성의 사회적으로 열등한 지위, 영웅숭배관이나 헤라클레스의 올림픽 기원설 등으로 인해, 역사의 미궁 속에 빠져버린 우리가 알고 있는 독특한 그리스적 관행이 등장했을 것으로 추정된다.

※ 그리스 운동선수들은 왜 벗었을까?

B.C. 6세기 말경 아테네에서는 운동경기에 요의, 즉 허리에 간단히 걸치는 로인클로스loincloth가 도입되었다. 그러나 이러한 시도는 실패를 거두었다. 왜냐하면 '알몸' 이 운동선수들의 패션이 되었기 때문이다. 투키디데스와 플라톤이 경기에 나체 도입이 그들 시대 이전부터 있었다고 기술한 것을 우리는 상기해 볼 필요가 있다. 로인클로스의 재도입을 거론하는 학자들이 있으나 그냥 '도입' 된 것이다. 왜냐하면 그 이전에 로인클로스를 입은 운동선수를 묘사한 그리스 예술을 찾아볼 수가 없기 때문이다. 즉 '로인클로스에서 나체로의 이행' 을 알려주는 그리스 예술

역사가 투키디데스(B.C. 460-400년)

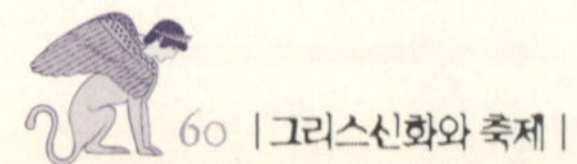

작품은 없다. 투키디데스는 "스파르타인이 최초로 알몸을 드러냈다. 그들은 운동연습을 할 때 공공연히 알몸이 된 후 올리브기름을 전신에 발랐다"고 기술했다. B.C. 1세기 후반의 그리스 수사학자·역사가인 디오니시오스 할리카르나세우스Dionysios Halikarnasseus는 "올림픽에서 최초로 벗고 뛴 남성은 15번째 대회에 참가한 스파르타 출신의 아칸투스였다Acanthus"고 기술했다. 그러나 파우사니아스는 운동선수들이 로인클로스를 입고 뛰던 시절에, 최초로 나체로 뛰어서 도보경주에서 승리한 자는 바로 메가라의 오르시포스Orsippos였다고 다른 주장을 폈다. 오르시포스에 대한 비문도 남아있다. 메가라에 있는 이 비문에 따르면 그는 달리기 경기 중에 허리에 둘렀던 로인크로스가 땅에 떨어졌으나, 그냥 나체로 딜러서 승리한 최초의 선수이다. 그 이후부터 모든 운동선수들이 알몸으로 경기를 했다는 것이다. 이는 어찌 보면 메가라인들의 스파르타인들에 대한 도전이다. 즉 자기네 고장출신이 알몸으로 경기에 참가한 최초의 승리자였다는 것이다. 그러나 오르시포스에 대한 이야기는 신빙성이 조금 떨어진다. 왜냐하면 그에 대한 여러 가지 다른 설이 떠돌기 때문이다. 호머의 『일리아드』에 의하면, 그는 로인클로스가 땅에 떨어졌을 때 경기에 졌을 뿐만 아니라, 옷에 걸려 넘어져 죽었다는 것이다. 또 다른 일설에서도 그는 승자가 아니라 패자였다. 또 다른 전통에 의하면 나체경기의 발명자는 다름 아닌 아테네인들이다. 이 전승에 따르면 운동경기 중 선수들이 떨어진 로인클로스에 걸려 넘어지는 일이 종종 발생하자, 아테네 행정관이 향후 이런 불상사를 막기 위해 모두 알몸으로 경기에 임할 것을 명했다는 것이다.

로인클로스를 입은 이집트의 태양신 아몬라

기원전 8세기 경에 탄생한
위대한 시성 호머

많은 전승자료들이 나체경기의 기원을 B.C. 8세기 초로 잡는 반면에, 플라톤이나 역사가 투키디데스는 그들 시대와 그리 멀지 않은 시기로 잡았다. 호머는 복싱과 레슬링 선수들이 가리개를 걸치고 운동경기에 임했다는 것을 두 차례 언급한 적이 있다. 그래서 많은 학자들이 나체경기가 미케네인들의 풍습은 아니었다고 성급한 결론을 내렸다. 그러나 미케네인들 사이에서 나체로 경기하는 관습이 전혀 없었던 것은 아니었다. 불행하게도 호머는 다른 경기에 대해서는 로인클로스를 언급한 적이 없다. 혹시 호머는 동시대적인 관점에서 옛날 고대영웅들의 이야기를 다소 시대착오적으로 기술하지는 않았을까? 호머의 고향 이오니아는 오리엔트 세계의 영향을 많이 받았다. B.C. 5세기경 헤로도토스의 시대에 리디아 인이나 야만인들은 남성이 알몸을 드러내는 것을 '치욕' 으로 간주했다. 이러한 나체에 대한 아나톨리아(터키령 아시아의 명칭)적 태도는 그 영향력하에 사는 그리스인들에게도 적지않은 영향을 미쳤다. 몇몇 학자들은 미케네나 호머시대에 알몸을 보이는 것이 수치였다는 사실을 입증하기 위해, 『일리아드』에 등장하는 '못생긴 육체 속의 못생긴 영혼의 소유자' 인 테르시테스의 예를 든다.

ψ 얼짱 테르시테스

전쟁이 장기화되어감에 따라 의기충천했던 그리스군의 사기가 땅에 떨어졌다. 냄새나는 시체의 진흙구덩이에서 구르는 동안 군인들

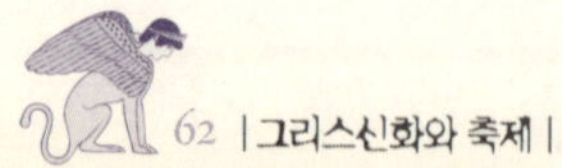

은 점차 그 무의미한 전쟁에 염증을 느끼고 가족이 기다리는 고향으로 돌아가려고 했다. 그리하여 그리스 군대는 '용감한 자'와 '비겁한 자'를 가르는 선택의 기로에 섰는데, 평상시에 주사위 놀이로 소일하는 테르시테스는 당연히 후자에 속했다. 아가멤논 총사령관은 군대의 용기를 테스트하기 위해, 짐짓 "트로이 공략을 그만두고 이 정도에서 각자 집으로 돌아가는 게 어떻겠느냐?"고 제의했다. 그 말이 떨어지기가 무섭게 수다쟁이 테르시테스가 대뜸 동의했다. 그는 대담하게도 아가멤논 왕에게 다음과 같이 이야기했다. "우리의 아내와 어린 자식들은 고향에 앉아서 우리가 돌아오기를 애타게 기다리고 있다. 우리가 여기에 와서 허송세월만하고 아무 것도 이루어 놓은 것은 없지 않은가? 자, 이제라도 배의 돛을 올리고 우리의 고향으로 돌아가자. 트로이는 결코 우리 손에 함락되지 않을 것이다." 테르시테스는 더욱 큰 소리로 외쳤다. "왕이시여! 그대의 문제점은 무엇인가? 그대가 원하는 것은 과연 무엇인가? 그대의 막사에는 금은보화가 넘쳐흐른다. 도시가 공략될 때마다, 우리가 그대에게 일등전리품을 바쳤기 때문이다. 또한 그대는 가장 선별된 미인들만 차지했다. 그대는 금이 더 필요하신가요, 아니면 같이 잠자리 할 여성이 더 필요한 거요?" 그는 전쟁주의자인 왕과 영웅들을 거침없이 비난하며 해명을 요구했다. 수많은 사람이 죽고 죽이는 전쟁을 통해 이익을 보는 것은 결국 왕뿐이라는 것이었다. 아가멤논의 막사에 아리따운 여인들이 늘어나는 것, 장군들의

미녀 포로 브리세스를 아킬레스로부터 빼앗아 아가멤논 막사로 데리고 가는 병사들

막사에 명예의 선물, 곧 전리품이 늘어나는 것 말고 전쟁이 주는 이익이 무엇이냐고 그는 투덜거렸다. 정말 비겁한 것은 전쟁을 그만두는 것이 아니라, 그런 전쟁을 계속 수행하는 것임을 그는 넌지시 말하고 있는지도 몰랐다. 테르시테스의 말은 자칫하면 일사불란한 아카이아인(그리스인의 통칭)들의 강철대오를 무너뜨리는 위험한 폭약이 될 수도 있었다. 늠름한 영웅들의 시대에 테르시테스 같은 이의 존재는 그 자체로 수치였는지도 모른다. 그러자 이타카 출신의 장군 오디세우스가 일어나 아카이아 인들의 함선들 사이로 나아가 겁쟁이처럼 겁을 내는 것은 자유인의 이상에 어울리지 않는다며 전쟁을 독려했다. 그의 목소리는 노호하는 바다의 물결이 해안에 부딪쳐 울부짖는 것처럼 들렸다. 그는 테르시테스에게 "아카이아 함선까지 홀딱 벌거벗은 채로 뛰어가게 만들어 공공연한 창피를 주겠노라!"고 위협했다. 물론 이러한 처벌은 당연히 수치스럽고 치욕스런 일이다. 그러나 그것은 오직 알몸을 드러낸다는 사실뿐만 아니라, 테르시테스의 못생긴 용모 탓이기도 했다. 눈먼 시인은 친절하게도 그의 외모를 아주 디테일하게 묘사하여 후세에 전달했다. 그는 일리오스(트로이의 별칭)에 온 사람 중에서 가장 추물이었다. 안짱다리에다 한 쪽 발을 절었고, 두 어깨는 굽어 가슴 쪽으로 오그라져 있었다. 즉 태생적인 꼽추였다. 그리고 어깨 위에는 원뿔 모양의 머리가 얹혀 있었고, 거기에 가는 머리털이 듬성듬성 나 있었다. 트로이 전쟁은 사실상 규모도 당시 최고였지만, 이 전쟁만큼 인물 좋은 최정예의 전사들이 총집결했던 적도 없었다. 그 중에는 신이나 여신의 고귀한 자제들도 상당수였지 않았던가! 테르시테스는 『일리아드』에서 잠시 한 번 등장할 뿐이지만 그의 존재는 상당히 중요하다. 왜냐하면 그는 비非영웅적, 심지어는 반反영웅적 인물의 화신이었기 때문이다. 그리고 이러한 비열한 자질은 그의 추악한 외모 속에 적나라하게 반영되어

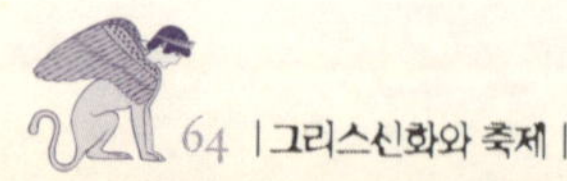

있다. 호머는 그의 머릿속이 온통 음담패설과 폭언으로 가득 차 있노라고 경멸했다.

테르시테스가 "아가멤논은 탐욕스런 욕심쟁이, 아킬레스는 겁쟁이"라고 욕했을 때, 오디세우스는 아가멤논의 홀笏을 들어 그의 머리를 내리쳤다. 핏자국이 벌겋게 솟아오르자 그는 겁

아마존의 여왕 펜테실레이아

에 질려 그 자리에 주저앉았고 아픔을 이기지 못해 엉엉 울었다. 후일 아킬레스는 아마존의 여전사 펜테실레이아의 죽음에 대한 상심을 비웃었다고 분을 이기지 못해 그의 머리통을 다시 한번 후려쳤다. 테르시테스가 이빨과 한웅큼의 피를 쏟으며 땅에 쿵 쓰러졌을 때, 아무도 그를 위해 슬퍼하지 않았다. 일설에 의하면 그는 자기 칼로 죽은 펜테실레이아의 눈을 잔인하게 도려냈다고 한다. 그러자 다혈질로 유명한 아킬레스가 그를 한 방에 죽여 버렸고, 그의 친척인 디오메데스가 펜테실레이아의 시체를 스카만데르 강에 갖다 버렸다. 아킬레스가 아군인 테르시테스를 죽였기 때문에, 그리스 진영은 불안한 소요상태에 빠졌기 때문에 아킬레스는 레스보스 섬에 가서, 오디세우스 장군에 의해 정화의식을 받는 것으로 사건은 일단락되었다. 희대의 추남 테르시테스는 나중에 셰익

아킬레스의 분노. 그의 노여움은 일리아드의 주요 모티브가 된다

스피어의 어두운 희극dark comedies 『트로일루스와 크레시다』[61]에서도 한 캐릭터로 등장한다. 여기서 그는 처음에 아이아스Ajax의 노예였다가, 그의 지독하고 신랄한 유머를 좋아하는 보헤미안 풍의 아킬레스를 주인으로 섬기게 된다.

❖ 사체애, 시간증(Necrophilia)

아마존의 여전사 펜테실레이아의 죽음을 슬퍼하는 아킬레스

시체와 성관계를 맺는 것을 뜻하는 네크로필리아는 그 역사가 꽤 오래되었다. 과거 전쟁에서 죽은 이들과 성관계를 맺는 군인들이 있었다고 하는데 이는 트로이 전쟁의 영웅 아킬레스의 일화에서도 찾아볼 수 있다. 아마존의 여전사 펜테실레이아Penthesilea는 트로이의 편을 들어 많은 적들을 죽였다. 카르타고의 한 신전에는 여자 영웅 펜테실레이아를 기리는 글귀가 적혀 있다. "마치 성난 표범처럼 포효하는 펜테실레이아가 초승달 방패를 거머 쥐고 이끄는 아마존의 여전사들을 보라. 드러난 젖무덤을 멋스럽게 졸라맨 황금벨트의 아름다운 그녀는 수천 명의 병사 중에 단연 빛나노라. 이 처녀 여전사가 대담하게도 남성들과 함께 당당히 질주하노라!" 싸움터에서 그녀의 눈부신 활약은 당연히 아킬레스의 주목을 끌었다. 그 유명한 아마존과 대결하기 위해 그는 천천히 움직였다. 그러자 펜테실레이아와 사랑에 빠졌던 칼콘이 마치 저승사자와도 같은 천하무적 아킬레스의 접근을 저지하려 했다. 그러자 아킬레스는 그를 재빨리 죽이고, 곧 펜테실레이아와의 접전에서 그녀마저 죽여 버렸다. 그러나 아킬레스가 펜

---

[61] 『트로일루스와 크레시다』는 당시 잘 알려진 트로이 전쟁 이야기를 소재로 한 극이다. 공격하는 그리스 군과 방어하는 트로이측의 유명한 장수들이 여러 명 등장하고 싸움의 경과에 관한 장면도 있으나 극의 중심은 오히려 트로이 왕자 트로일루스와 미녀 크레시다 사이의 사랑에 있다. 그러나 다루는 방식은 결합과 화해가 아니라 불화 · 좌절 · 계략 · 배반 쪽으로 중심을 옮겨놓고 있다.

테실레이아의 헬멧을 벗겨 그녀의 얼굴을 본 순간 그도 역시 칼콘과 마찬가지로 사랑에 빠지게 되었다. 이를 두고 테르시테스가 '네크로필리아'라고 방정맞은 혀를 함부로 놀렸다가 아킬레스에게 역시 죽임을 당했다.

로마시인 프로페르티우스는 『엘레지아Elegiae』에서 어떻게 펜테실레이아의 출중한 미모가 정복자를 장복하는지를 실감나게 표현했다. "거친 스키타이인 펜테실레이아여. 그대는 말을 타고 질주하여 무수한 화살로 용감하게 그리스 함선을 공격하였노라. 마침내 황금헬멧이 벗겨지고 훤한 이마가 고스란히 드러났을 때 그녀의 눈부신 자태는 승리자인 남성(아킬레스)의 마음을 정복하였노라!" 그리스 신화에서 폭력적인 지배와 성행위는 상당히 유사성을 지니고 있다. 몇몇 작가들은 아킬레스가 쓰러진 펜테실레이아와 시간(屍姦)을 했다고 주장을 했다. 한 작가는 한 술 더 떠서 죽은 펜테실레이아가 아킬레스의 아들까지 낳았다고 허풍을 떨었다. 펜테실레이아는 강한 공포의 전사로 알려져 있었기 때문에, 그녀의 죽음은 트로이측에 커다란 손실을 가져왔다. 아리스토텔레스가 비극적인 시인의 본래 특색을 충분히 발휘했다고 극찬한 에우리피데스의 작품 『트로이의 여인들』에서는 펜테실레이아가 수차례나 등장한다. 안드로마게, 헬렌, 헤쿠바 등 영웅적인 여성들이 많이 등장하기 때문인데, 물론 이들은 전장의 용사는 아니었을지라도 국운이 흔들리는 위기상황에서 용감하게 대처한다. 아마도 비운의 그녀들이 비록 방식은 다르지만 용감했다는 것을 나타내기 위해, 이 야만족 출신 여걸의 존재가 필요했던 모양이다. 펜테실레이아는 남성영웅이 지배적인 시대에 희소성의 가치가 있는 여전사였다. 그녀는 남성의 경기(전쟁)에서 뛰어난 두각을 나타냈던 반면에, 여성적인 덕목(미)도 겸비하고 있었다. 로버트 벨이라는 학자는 실제로 올림픽의 제우스 신전 앞에는 죽어가는 펜테실레이아를 받치고 있는 아킬레스의 비통해하는 모습이 조각되어있다고 덧붙였다.

ψ 청춘과 미의 찬가

헥토르의 죽음(루벤스 작품)

호머뿐만 아니라 후기 그리스 시인이나 작가들도 '잘 생김과 못 생김', '젊음과 늙음'이라는 이분법의 잣대를 지니고 있었다. 호머는 그의 장대한 서사시에서 신체적 무용과 미美를 드높이 찬미했다. 아킬레스와 사내답게 대결하고 싶어 했던 헥토르는 "늙고 추하게 죽기보다는 젊고 잘 생겼을 때 죽고 싶다"는 비장한 각오의 말을 남겼다.

이는 제2차 메세니아 전쟁 때 그의 시詩가 스파르타를 구하였다고 하는 티르타이오스Tyrtaios의 시 구절이다.[71]

✽ 티르타이오스

전설에 의하면 스파르타는 아테네인 지휘관을 얻어서 싸워야 한다는 신탁(神託)을 들었다. 그러나 스파르타로부터 요청이 왔을 때 아테네는 스파르타를 돕기 싫어서 무명의 학교교사이며 절름발이 시인인 티르타이오스를 보냈다. 스파르타인들은 메세니아를 함락하지 못하면 죽겠다는 단단한 각오로 출정했다. 그런데 그의 웅장한 시가 스파르타 군인들을 고무해주어 메세니아 반란으로 위기에 놓인 스파르타를 구했다.티르타이오스는 주로 행진곡이나 찬가를 많이 썼다. 그는 호머의 전통을 이어받았지만, 시풍이 단체정신을 많이 반영하고 있다. 그는 스파르타가 군국주의 국가로 바뀌는 이행기에 살았던 인물이다.

티르타이로스의 통솔력으로 스파르타 군이 메세니아를 제압했을 때, 저녁식사 후에 찬미가를 부르는 것이 관행이 되었다. 저녁 후에 스파르타 군인들은 티르타이오스가 지은 시를 각자 노래했고, 군의 대장이 노래를 듣고 판단하여 이긴 자에게는 상으로 고기를 하사했다고 전해진다. 그러나 티르타이오스가 아테네인이라는 설은 오류인 듯하다.

✽ 스파르타의 군인

"최전선의 용감한 남성이 조국을 위해 싸우다 쓰러져 죽는 것은 얼마나 아름다운 일인가. 그러나 한 남성이 밭과 도시를 버리고 도망질치는 것은 얼마나 끔찍한 일인가. 그의 친애하는 어머니와 늙은 아버지, 어린 자식들과 아내에게 구걸하면서 방랑하는 저 처량한 꼬락서니라니. 찾아다니는 모든 마을에서 경멸을 당해 그는 가난에 찌들게 될지니. 또한 그의 가문과 고상한 풍채 역시 오명을 뒤집어쓰게 되리니. 경멸과 재난이 그의 뒤를 쫓아다니네. 변절자는 존경과 연민도 구

---

71 「그리스 서정시」중에서. 윌리스 반스톤이 편집 · 번역한 시집이다(런던, 1967), p. 40.

하지 못한다네. 그러니 우리 조국을 위해 싸우라. 우리의 사랑스런 아이들을 구하기 위해 자유롭게 우리의 생명을 내놓자. 젊은이들이여 방패와 방패로 싸우자. 그리고 공포나 비참한 역경에도 절대 굴복하지말라. 네 가슴 속의 심장을 장대함과 용기로 강철처럼 강하게 단련시켜라. 적과 싸울 때는 너 자신의 생활을 잊어버려라. 노쇠하여 쓰러지는 늙은 군인을 구하러 절대로 달려가지 말라. 젊은이 앞에서 전선에 

드러누운 노인의 시체를 보는 것은 충격이라네. 늙은 전사의 머리는 희끗하고 수염은 음산한 잿빛이라네. 그는 자기의 강렬한 영혼을 먼지 속으로 토해낸다네. 그의 손에는 움켜 쥔 피 묻은 성기가 들려져 있다네. 그는 알몸뚱이 그러나 젊은이 속에는 모든 것이 아름답다네. 단, 그가 사랑스런 젊은이란 빛나는 꽃을 피우고 있을 동안만! 제발 살아다오. 그는 모든 남성들에게 존경을 받네. 또한 여성들이 모두 그를 원하게 된다네. 그가 전진 돌격으로 쓰러져 죽는 모습을 바라보는 것은 그야말로 얼마나 최상인가?"
        – 타르타이로스 –

플라톤 역시 『공화국』에서 주름투성이 노인들을 김나지움에서 마주치는 것이 눈에 거슬린다고 언급한 적이 있다. 홀딱 벗은(?) 알몸의 노인에 대한 플라톤의 부정적인 견해는 고대 그리스 예술가들에 의해 많은 공감대를 형성하지 않았던가? 그래서 그들이 조각한 노인상은 대개 옷을 다 걸친 모습을 하고 있다. 어찌 보면 신체의 결함을 보충해주는 의복의 순기능이 제대로 작동한 셈이다. 그리하여 앞에서 인용했던 『고대그리스의 성생활』의 저자 리히트는 고대그리스 사회의 나체관에 어느 정도 제한이 있음을 시사한 것이다. 그리스인의 완벽한 미적 기준에 합당한 젊고 아름다운 남성 또는 여성의 육체만이 공식적인 관람(?)의 대상이 될 수 있고, 나머지는 모두 사생활의 영역에 속하는 것은 아닐는지? 나체에 대한 수치감의 대표적인 예로 오디세우스를 든다. 트로이 전쟁이 끝난 후 그는 귀향길에 오르지만 풍랑에 휩쓸려 온갖 죽을 고생을 한 끝에 전설적인 섬 파이아케스에 당도했다. 허기와 피로로 기

알키노오스가 지배하는 파이아케스 섬에서 나우시카아 공주를 만나는 오디세우스

진맥진한 오디세우스는 해안에서 숲 덩굴을 찾아 알몸을 숨긴 후 죽음보다 깊은 잠에 빠진다. 그러다가 근처에서 빨래하는 처녀들의 쾌활한 웃음소리에 잠이 깼는데, 그는 "억센 손으로 황급히 무성한 관목 숲에서 잎사귀가 많이 달린 나뭇가지를 꺾어 그의 벗은 남성을 가린다."(『오디세이』, vi, 126) 더러운 소금기와 먼지, 강렬한 태양에 찌들대로 찌든 오디세우스의 형상은 야만인 바로 그 자체였다. 갑자기 출현한 오디세우스를 보자 모든 처녀들이 놀라서 사방으로 도망치는 사이, 오직 나우시카아 공주만이 홀연히 서서 이 낯선 이방인을 맞이했다. 물론 왕들조차도 옷속에 맨몸을 감추고 있기는 하다. 그러나 몸도 옷차림도 이 남자의 모든 것을 다 대변해주지는 못한다. 누군가 말해주기 전에는 공주 앞에서 벗은 알몸의 오디세우스는 자신의 꼴사나운 처지를 고려해서, 도움을 청하는 탄원자로서 공주 앞에 정중하게 무릎을 꿇거나 공주의 무릎을 포옹한다든지 하는 형식적인 절차는 생략하기로 작정했다. 그는 적당한 거리를 유지한 채 예의바르고 정중한 언어로 자신의 처지를 호소하기로 마음먹었다. 그는 신체적 접촉보다는 언어가 훨씬 사람의 심금을 울린다는 것을 잘 알고 있었다. 그는 나우시카아 공주가 마치 여신처럼 보인다면서, 그녀의 미와 우아함, 곧고 미끈한 키를 찬양했다. "만일 당신이 여신이 아니고 우리처럼 인간이라면 당신들의 부모와 형제들은 얼마나 커다란 행운인가요? 그렇지만 최고의 행운아는 바로 당신과 결혼하는 남성일거요. 나의 눈은 이제껏 당신처럼 아름다운 여성을 단 한 번도 본적이 없소. 나는 내가 보는 대로 그대를

숭배한다오”라며 최대의 찬사를 바쳤다. 지혜와 언변이 뛰어난 그가 공주의 도움을 받았음은 물론이다.

소녀들 앞에서 알몸으로 서 있는 '수치'를 겪었던 오디세우스가 몸을 깨끗이 씻은 다음 산뜻한 올리브기름을 바르고 말쑥한 옷차림으로 다시 돌아오자, 그는 이제 더 이상 오갈 데 없는 처량한 신세의 나그네가 아니었다. “이 남성이야말로 내가 남편감으로 고대하던 인물이다. 그가 여기에 제발 정착만 해준다면. 나는 오직 그가 여기 머물기만 바랄 뿐이다”라고 공주는 혼자서 탄식했다.

고대 그리스인들이 공식적으로 알몸을 드러내는 빈도수가 현대인보다 훨씬 높았던 것은 사실이다. 완벽을 추구하는 고대 그리스 예술은 눈부신 나체 조각상을 통해 예술의 정점에 도달했다. 그리스인들은 자연스런 육체미를 묵상·연구하고 창조할 수 있는 기회가 우리보다는 훨씬 많았다. 김나지움, 공공의 국민체전, 레스보스나 바실리스에 있는 데메테르 신전에서의 미인경연대회, 스파르타에서의 소년소녀들의 나체 레슬링 경기 등 나체를 볼 기회가 훨씬 풍부했다. 코린트의 악명 높은(?) 아프로디테의 신전에서는 젊은 여사제들이 대규모 연회에서 나체로 춤을 추었다고 한다. 그러나 그렇다고 해서 그리스 양식의 독특한 누드문화가 무한정 보여주는(?) 문화는 아니었다. 알몸도 알몸 나름이다. 그러나 나체에 대한 수치나 금기를 꼭(서양학자들이 보기에 자유의 억압상태인) 오리엔탈리즘의 영향으로 볼 필요는 없을 것이다. 자연 덕목 중 하나인 추상적인 미의 최고봉을 위해 남성 또는 여성의 육체미를 드높이 찬양했지만, 때와 장소, 연령, 어느 사회에나 존재하는 미의 기준에 따라 미묘한 뉘앙스가 있었다고 보아야 할 것이다. 또한 나체는 성적 에로티시즘과 불가분의 관계가 있었다.

Ψ 나체의 기원을 찾아서

크레타 섬의 미노스 왕국에서는 운동선수의 나체가 거의 알려지지 않은 풍습이었다. 물론 스포츠 경기가 위대한 미노스 문명과 밀접한 연관이 있었지만, 미노스의 운동선수들이 알몸으로 경기를 했다는 기록은 어디에도 없다. 크레타는 키클라테스 제도나 테라와 상당히 유사한 예술문화를 지니고 있다.[8] 1970년 테라에서 B.C. 1500년경으로 추정되는 프레스코 벽화가 발굴되었다. 복싱하는 두 소년을 그린 이 인상적인 벽화는 가히 아동신체에 대한 실제 해부화解剖畵라고도 불릴 만하다. 두 아이는 각기 오른손에 복싱글로브를 끼고 있다. 하나는 짧고 하나는 긴 머리에 푸른 모자를 쓰고 있다. 각기 8살, 10살 정도로 추정되는 아이들은 로인클로스를 입고 있다. 그러므로 크레타에서는 나체 경기의 기원에 대한 해답을 찾을 수가 없다.

한편 크레타 문명과 함께 에게문명의 큰 축을 이루는 미케네 문명을 살펴보면, 미케네와 기하학적 예술은 죽은 영웅들을 기리는 경기들이 그리스에서 통상적인 관습이었음을 보여준다. 이들은 갑옷의 가슴받이 아래 부분을 내놓고 있는 모습을 보여준다. 이러한 노출은 사자를 위한 장례식경기나 다른 종교의식 때 두드러진다. 미케네에서 발견된 B.C. 1600년경으로 추정되는 석회

나체의 복싱선수들 (크레타 섬에서 발견된 그리스 항아리)

---

8) 에게해 주변 지역에는 B.C. 3000년 무렵의 신석기시대 말부터 비(非)아리아계 소아시아인이 정착하기 시작하여 B.C. 2600년 무렵부터 크레타 섬, 키클라데스 제도, 미케네를 비롯한 그리스 본토 남부 등에 초기 청동기 문화가 일어났다.

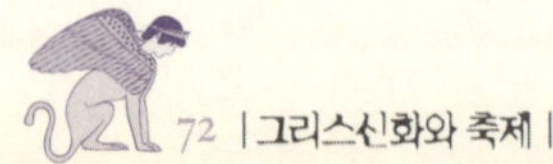

널빤지에는 전차경주가
묘사되어 있다. 그런데
전차경주자들이 벗고 있
으며, 검 이외의 무기를
지니지 않은 상태이다.
이러한 전차경주는 대장

아테네 장례식 장면(원시기
하학시대의 예술)

의 장례의식의 하나로 거행되었다. 또 미케네 문명의 유적지에서 전투
신을 묘사한 은제 라이톤rhyton[9]이 발굴되었다. 이는 B.C. 1600~1500년
경의 것으로 추정된다. 여기에는 나체의 투석병사들이 등장하며, 또 다
른 나체의 전사가 그들을 바싹 추격하고 있다. 그들 밑에는 6명의 죽은
나체 병사들이 쓰러져 있다. 미케네 시대의 한 크라테르(술과 물을 섞는 데
쓰던 단지)에는 한 명의 나체 남성이 서 있고 그 옆에는 옷을 걸친 남성이
무기를 들고 있다. 또한 옷을 입은 남성 앞에는 두 필의 말이 이끄는 전
차가 있으며 그 안에는 옷을 입은 두 명의 남성이 타고 있다. 학자 데이
비스M. I. Davies는 그 문제의 나체인물을 평상적인 운동선수로 보았고,
당시의 운동관습과 장비가 미케네문명에서 고전시대로 이행하는 과도
기로 간주했다. 또 다른 클라테르에서는 두 명의 나체선수가 대결하는
모습을 볼 수 있다. 이 또한 장례식 경기의 복싱장면이다. B.C. 8세기경
으로 추정되는 기하학적 문양의 클라테르에서도[10] 전차와 전사들의 퍼
레이드를 보여주는데, 전사들은 각기 헬멧과 두 개의 창과 한 개의 칼
을 쥐고 있고 모두 나체이다. 고고학자들은 이 전차신을 장례식 경기이
거나, 아니면 시체를 무덤까지 운반하는 장례식 행렬로 해석했다. 그러
나 여기에 삼각의자tripod가 있는 것으로 미루어 장례식 경기임에 틀림

---

9) 고대 그리스의 뿔 모양을 한 술잔.
10) 뉴욕의 메트로폴리탄 미술관에 소장되어 있다.

없다. 기하학 문양의 자기에 나오는 삼각의자는 복싱경기에서 이긴 승리자에게 주어지는 상이었을 것이다. 아테네의 것으로 추정되는 기하학 문양의 컵 역시 장례식 경기를 대표하고 있다. 두 명의 나체남성이 칼로 서로 상대를 찌르려하고 있다. 보에오티아의 기하학 문양의 자기 역시 두 명의 복서 또는 레슬링 선수가 삼각의자를 차지하려고 다투는 모습이 나온다. 올림피아의 기하학적 청동상은 원뿔모양의 헬멧을 쓴 한명의 전차경주자를 묘사한 작품이다. 초기 아테네나 코린트 지방의 자기들도 나체운동선수를 묘사하고 있다.

그리스 예술에 나타난 나체는 초기 그리스인들이 나체를 '영웅적이고 신성한 것'으로 간주했음을 알려준다. 그리스인들은 전사·운동선수warrio-athlete의 벗은 육체가 적에게 공포와 두려움의 대상이 된다고 믿었던 것 같다. 본판테Bonfante는 『에트루리아 의상』Etruscan Dress에서 다음과 같이 기술했다. "그리스인들은 나체에 어떤 신비한 마술적 효과가 있다고 믿었다. 가령 남근이 악마를 쫓는 효험이 있다거나, 사악한 눈동자에 대항하기 위한 신체적 제스처 등을 들 수 있다. 그리스의 운동선수들은 나체를 통해 보호를 받을 수 있다고 믿었다." 원시부족의

뉴기니의 파푸아 전사

전사들은 나체에 '마술', '액땜', 또는 '정신적 쇼크'의 효과 내지는 위험을 방지하는 힘이 있다고 믿었다. 남근이 재난을 피하는 효과가 있다고 믿는 사상은 오늘날 현존하는 문화 속에서도 찾아볼 수가 있다. 오늘날 뉴기니의 파푸아 전사들은 전쟁을 위해 무장할 때 코드피스codepiece, 즉 바지 앞주머니를 입는다. 이 코드피스는 빨강이나 노란

색이 칠해진 짚으로 되어있으며, 의심할 나위 없이 성기를 은폐시키기 위한 용도는 아니었다. 오히려 정반대로 16세기 유럽의 코드피스와 마찬가지로, 적에게 공격적으로 보이기 위한 일종의 외부과시용이었던 것이다.

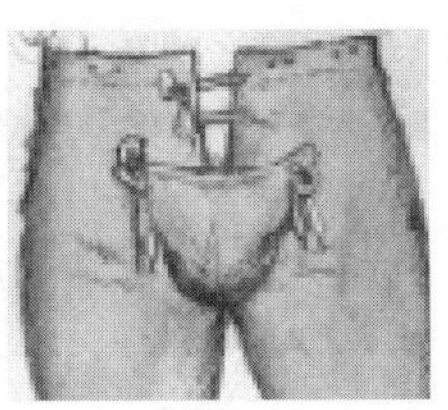

코드피스

✤ 코드피스의 역사

바다 표면 위를 헤엄치는 대구(cod fish)

코드피스는 많은 남성들에게 공포와 무지의 대상이었으며, 몇몇 여성들에게는 존경의 대상이기도 했다. 많은 사람들이 코드code와 코드피스coepiece가 '생선 cod fish'을 의미한다고 믿었다. 그러나 중세영어로 코드cod, codd는 남성의 '고환'이나 '음낭scrotum'을 의미했다.

초기에 코드피스가 등장한 것은 순전히 실용성 때문이었다. 당시 귀족남성이 신는 긴 양말 호즈hose는 다리에 착 달라붙는 것이 보통이었다. 그런데 허리가 잘록한 남자상의 더블릿이 점점 더 길이가 짧아짐에 따라, 부득불 바지가랑이를 커버하기 위한 바지 앞주머니인 코드피스가 발명되었다. 또한 코드피스가 귀족남성의 패션아이콘으로 자리 잡자, 남성들은 바지를 내리는 일 없이 서서 간단히 용무를 처리할 수 있게 되었다. 그러나 차츰 시간이 경과함에 따라 남근을 강조하는 과장된 패션이 등장하여 패드를 넣거나 기기묘묘하게 연출된 디자인의 코드피스가 속출하였다. 주머니가 두 개 달린 코드피스도 등장하여, 그 속에 동전이나 자질구레한 물건을 집어넣는 사례도 생겼다. 영국에서는 엘리자베스 여왕시대 말기에 이 기묘한 패션이 사라졌다. 즉 더블릿과 코드피스가 합쳐진 피스코드 더블릿peascod doublet이 등장함에 따라 코드피스는 역사의 저편으로 완전히 멸종되었다.

코드피스가 등장했던 르네상스기에 생선전문 레스토랑에서 식사를 하는 경우, "내 입 속에 이보다 더

코드피스 더블릿

맛있는 코드를 넣어본 적이 없다"고 말하는 것이 한때 유행이었다고 한다. 이탈리아의 볼로냐 공 파브리치오Fabrizio가 영국을 방문했을 때의 일이다. 그는 코드피스를 하고 헨리 8세와 앤 볼린(엘리자베스 여왕의 친모)을 알현했다. 그때 앤 볼린은 그의 불룩한 코드피스를 보면서 "경의 코들링codling, 아니 경의 위대한 예술과 더불어 저를 만나는 것이 기쁘신가요?"라고 인사했다. 15세기의 영국에서 코들링은 아직 설익은 작고 푸른 사과를 의미했다. 그러나 앤 볼린의 익살맞은 인사가 공의 물건에 대한 칭찬이었는지, 아니면 조롱이었는지에 대해서는 아직까지 알려진 바가 없다.

코드피스를 찬 헨리 8세

Ψ 남근숭배사상

마르코 폴로는 인도의 마바르에서 남자들이 오직 창과 방패만 가지고 알몸으로 싸우는 것을 보고 몹시 충격을 받았다. 벵골의 티루키라팔리Tiruchirappalli 지방에서는 우기에 저수지나 강이 범람하여 둑이 무너지려 할 때, 남성들이 모두 벗은 채로 제방 위에 서 있다고 한다. 폭우가 쏟아질 때 알몸의 남성들은 마치 비의 마술쇼라도 하듯이, 횃불을 들어 칠흑같이 어두운 밤하늘을 가리킨다. 원시부족 전사들에게 남근은 적의 공격에 대항해서 싸울 때 악을 방지하는 효과가 있는 일종의 힘의 상징이다. 로마 군인들은 남근의 상징이 그려진 군기를 들고 전장에 나갔다. 폴리네시아의 미신에서도 치명적인 전투에 임하는 전사의 성기는 매우 중요

수염이 난 헤르메스 두상

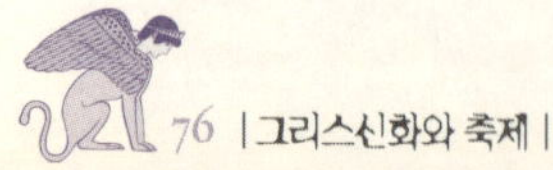

한 의미를 지닌다. 남근을 액땜 방지용으로 사용하는 것은 그리스의 헤르메스 주상에서도 잘 나타난다. 수염 난 남성의 머리와 발기한 남근으로 된 이 사각형 돌기둥의 헤르메스 주상은 마치 가정 보호신처럼 집 앞이나 네거리 교차로, 시장이나 국경 등 '보호'를 전제로 하는 장소에 서 있다. 보르네오나 발리, 니코바르 제도에도 이와 비슷한 맥락의 죽은 혼령의 침입을 막는 상들이 서 있다.

❋ 헤르메스 주상

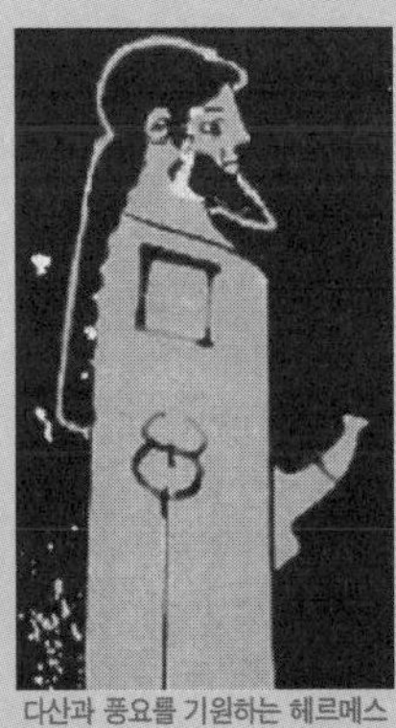
다산과 풍요를 기원하는 헤르메스 주상

고대 그리스에서 헤르메스는 상인과 여행자의 보호신인 동시에 '남근신'이기도 했다. 이 신앙의 기원은 농경지대인 아르카디아의 석신숭배에서 유래했다. 헤르메스는 사각 돌기둥에 얼굴과 남근만이 조각된 형태로 숭배되었는데, 이는 본래 길가나 경계부근에 쌓아둔 돌산(헤르마),[11] 또는 그 중심에 세워 놓은 남근 형태의 돌기둥에서 비롯되었다. 부르케르트Burkert에 의하면 동물이 오줌을 누어 자기 영역을 표시하듯이, 발기한 남근의 헤르메스상은 동족보호를 위해 경계를 강조한 의식에서 세워졌다고 한다. 좌측 그림에서 헤르메스가 들고 있는 것은 신의 상징이기도 한 '사자(使者)의 지팡이'이다.

B.C. 415년경 펠로폰네소스 전쟁 중에 아테네의 함선이 시라쿠스를 향해 나가려고 준비하던 찰나에, 공교롭게도 아테네의 헤르메스 주상들이 파괴되는 괴사건이 발생했다. 아테네인들은 이를 원정의 승리를 위협하는 매우 불경한 사건으로 간주했다. 아무런 물증은 없었지만, 대다수의 사람들이 이를 시라쿠스에서 온 첩자나 아테네 내부에 있는 반전론자의 소행으로 여겼다. 아테네의 정치가이며 장군 알키비아데스가 주범으로 의심을 받았다. 그러나 그는 범행을 부인했고 자신의 결백을 입증하기 위해 법정에 서기를 원했다. 그러나 아테네인들은 군사원정이

---

11) 헤르마(herma)는 도로교통, 나그네, 상인, 파발꾼, 나아가 통신 일반의 수호신으로 섬겨졌고, 후에 헤르메스 (Hermes)신의 형태를 취한 듯하다.

더 이상 지연되는 것을 원치 않았다. 그가 부재한 틈을 이용해서 알키비아데스의 정적들은 그를 악착스럽게 기소했다. 그들은 결석재판을 통해 헤르메스 주상 파괴와 엘레우시스 비교제전을 모독했다는 죄목으로 알키비아데스를 사형에 언도했다. 그의 친구이며 스승인 소크라테스 역시 간접적으로 '불경죄'에 연루되어 목숨을 잃게 된다.

헤르메스신의 폼페이 벽화

인도네시아 발리 섬의 석상 신상은 우리나라의 장승과 비슷한 기능을 지니고 있다. 부르케르트는 『구조와 역사』Structure and History에서 남근과시의 의미를 다음과 같이 적고 있다. "집단생활을 하는 원숭이 사회에서 수컷은 망을 보는 호위병 역할을 한다. 그들은 발기한 남근을 과시하며, 바깥쪽을 향한 전초지에 떡 버티고 앉아 있다. 이는 일종의 '동물의식動物儀式'이다. 외부와의 커뮤니케이션을 위해 성性행동의 기본적인 기능은 일단 보류된다. 그래서 외부의 침입자는 이 원숭이 집단이 무력한 아녀자들로 구성된 것이 아니라, 남성성의 완벽한 보호를 누리고 있다는 사실을 알게 되는 것이다."

과학자들 역시 남미산 다람쥐원숭이 집단을 관찰한 결과, 가랑이 사이로 발기한 남근의 과시가 서열이 낮은 다른 원숭이의 얼굴을 겨냥한다는 사실을 알게 되었다. 남근과시와 서열에는 상관관계가 있으며, 서열이 낮은 계급은 남근을 별로

나무에 매달린 원숭이

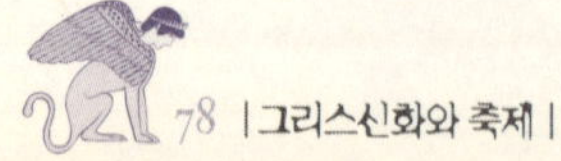

과시하지 않는다. 어떤 원숭이 집단에서는 영토 소유권, 영토의 경계설
정, 사회지배, 남근과시 등이 서로 밀접한 연관성이 있다. 부르케르트
에 의하면, '경계'를 표시하기 위한 남근과시가 나무에 사는 원숭이 집
단에서는 볼 수 없는 현상이나, 영토를 소유한 원숭이 집단에서는 흔히
볼 수 있는 현상이다. 남근과시는 원래 성행위에서 유래한 것이나, 종
족재생산의 기능보다는 '사회적인' 목적을 띠고 있다. 그것은 집단위
계질서의 가장 강력한 신호이므로, 재생산 과정과는 별개의 활동이다.
남근과시는 동물들이 서로 커뮤니케이션을 한다는 점에서 매우 중요한
사회적 시그널이다. 즉 '내가 주인이다'라는 것을 만천하에 알리는 일
종의 제식행위로 볼 수 있다.

　　　　인간세계에서도 성행위를 제외한 남근의 발기는 주로 '공격성'
을 의미한다. 심리학자 프로이트에 의하면, 많은 사람들이 놀이친구와
싸우거나 레슬링을 할 때, 처음으로 성적인 흥분을 느꼈다고 진술했다.
인간 페니스의 발기는 공격적이고 무서운 악몽과도 같은 상황과 연결
될 때가 많다. 많은 학자들이 발기한 남근이 '지배와 권력'을 상징한다
고 지적한 바 있다. 청동기시대의 스칸디나비아와 북 이탈리아지방의
사람들은 남근의 힘을 창과 칼, 도끼의 힘과 동일시하였다. 곤봉도 역
시 남근의 상징물이다. 서아프리카의 다호메이의 남근신 레그바Legba의
곤봉은 남근으로 조각되어 있으며, 아주 공격적인 무기로 간주된다. 영
국의 세른 아바스Cerne Abbas의 백묵으로 다
듬어진 선사시대의 거인 역시, 발기한 남
근에 헤라클레스처럼 무거운 곤봉을 들고
있다. 아메리카 인디언 아파치 집단에 의
해 개념화된 초인적 힘 역시 남근숭배사상
과 관련이 깊다. 또한 아파치 족은 그들의

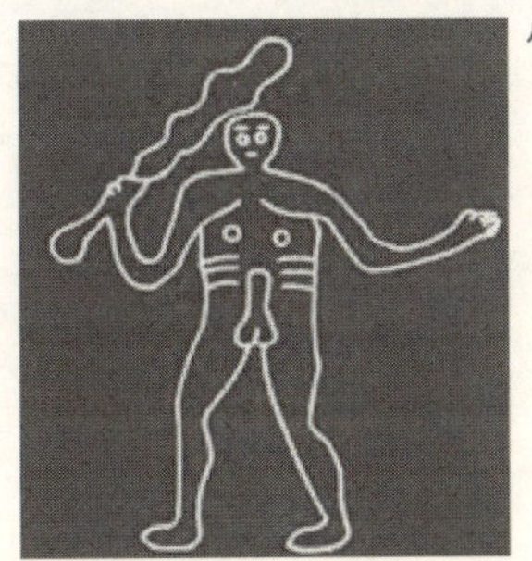
세른 아바스의 거인

아메리카 인디언 아파치 집단

일상적인 대화에서 화살과 남근을 동일시하곤 한다.

홀이나 철퇴 역시 남근을 상징하는 것으로 알려져 있다. 이집트 신들의 왕 아몬 라(또는 아몬 레)는 카르낙 신전에서 거대한 남근을 가진 신으로 묘사되어 있다. 이집트의 수호신 오시리스 역시 발기한 남근을 과시하고 있다. 이집트의 남근숭배사상은 저승의 신 오시리스와 연결되어 있다. 전설에 의하면 악의 신 세트는 자기 형인 오시리스를 질투하여 시체를 14조각으로 토막 내어 다시는 찾지 못하게 온 나라에 시체를 흩어놓았다. 그래서 그의 누이이자 처인 이시스 여신이 남편의 시체를 찾으러 다녔다. 결국 그녀는 페니스만 빼놓고 모든 시체를 찾았다. 음경부위의 시체는 물고기가 먹었기 때문에, 이집트인들은 이후 나일 강에서 잡은 물고기를 먹지 않았다고 한다. 또 그녀는 토막 난 시체를 찾을 때마다 장례를 치렀기 때문에, 이집트 곳곳에는 오시리스 무덤이 많다고 한다. 남근은 풍요와 다산의 신 민Min과도 연결되어있다. 초기 그리스 · 로마와 이집트 남근신의 과장된 음경은 힘과 생식력을 상징한다. 그리스의 헤르메스 주상 역시, 힘과 보호의 메시지를 함축하고 있다. B.C. 530년경 참주tyrant 페이시스트라토스의 아들 히파르코스는 도덕적인 경구를 적은 헤르메스 주상을 마을과 시장 곳곳에 설치했다. 그것은 참주의 통치영역과 정확하게 일치한다. 고대 스칸디나비아에서도 프레이르Freyr신의 동상 역시 거대한 남근을 자랑한다. 또 코펜하겐의

이집트의 풍요와 다산의 신 민(Min)

국립박물관에는 켈트인의 철기시대의 것으로 여겨지는 남근신의 목조상이 진열되어 있다. 남근의 시그널은 사악한 눈동자나 질병을 막기 위한 일종의 제스처이다. 오늘날까지도 초자연적인 정력제(?)로서, 질병이나 미신적인 재앙을 내쫓고 전투 중에 인간의 생명을 지켜주는 남근 형태의 부적이 유럽, 인도, 중국, 일본, 한국에도 남아 있다.

스칸디나비아의 기후, 풍요와 다산의 신 프레이르(Freyr)

그 동안 많은 학자들이 '에너지와 힘의 화신'으로서의 신체의 중요성과 그 상징주의를 누누이 강조해왔다. 케네스 클라크Kenneth Clark는 『나체: 이상적인 예술에 대한 연구』(1957년)에서 그리스인들이 인간의 이상화를 통해 인간의 육체를 에너지의 화신으로 바꾸었음을 강조했다. "그리스인들은 인간의 나체 속에서 두 가지 에너지원을 발견했다. 유럽예술을 통해 오늘날까지도 연면히 살아서 숨 쉬고 있는 그것은 바로 '운동선수와 영웅'이다. 초기에 이 둘은 매우 밀접하게 연결되어 있었다." 초기 그리스의 전사·운동선수나 영웅·운동선수들은 나체가 악으로부터 그들을 지켜주고 힘과 에너지를 제공해준다고 믿었다. 나체에 대한 전사·운동선수의 확고한 신념은 영웅 헤라클레스에게 초점을 맞추고 있다.

네메아 숲속의 사자를 맨손으로 때려잡는 헤라클레스. 벌거숭이인 그의 오른손에는 곤봉이 들려져 있다.

☞ 누드 히어로 헤라클레스

존 무라티스는 제우스가 올림픽에 등극하기 전에는 올림픽의 창시자였던 헤라클레스가 올림픽을 주관했다는 주장을 일관성 있게 펴고 있다. 그에 따르면 '헤라클레스와 나체' 사이에는 뗄 수 없는 불가분의 관계가 있다. 헤라클레스가 호전적이고 영웅적이었다는 증거는 명백하다. 현존하는 사료나 문학작품에서도 그는 용맹한 '전사'로 알려져 있다. 올림피아에서 발견되는 가장 원시적인 동상들은 커다란 헬멧과 작은 방패와 창으로 무장한 나체의 전사들이 대부분이다. 이 헬멧을 쓴 원시동상들은 헤라클레스를 대표한다. 그것은 승리한 선수들이 헤라클레스에게 바치는 공물이었기 때문에, 그의 형상을 하고 있는 것이 어쩌면 당연지사인지도 모른다. 그러나 후일 제우스가 올림픽 제전을 주관하는 신이 되었을 때는, 올림픽 경기에 바쳐지는 공물들이 제우스의 형상을 하고 있다.

헤라클레스는 전통적으로 '나체영웅'이었다. B.C. 7, 6세기 초의 자기나 공예품에 그는 곧잘 나체로 등장하였다. 완전나체이거나 적과 대항하기 위해서 약간의 무장을 한 반나체 상태였다. 전승에 따르면 헤라클레스의 일곱 번째 과업은 포세이돈 신이 미노스 왕에게 선물로 준 크레타의 미친 황소를 붙잡아 오는 일이었다. 미노스 왕이 제물로

크레타의 소를 잡는 알몸의 헤라클레스(로마 모자이크 벽화)

바치겠다고 해놓고 아까워서 다른 소를 잡아 제물로 바치자, 포세이돈은 화가 나서 소를 미치게 한 것이었다. 헤라클레스는 그 소를 잡아다가 그가 봉

사하는 에우리스테우스 왕에게
바쳤다. 올림피아에 있는 제우
스 신전의 크레타 황소의 메타
프(도리아 건축의 네모난 소간벽)에
서도 헤라클레스는 벗은 알몸
으로 등장한다. 헤라클레스의
전설적인 무용담은 오랫동안

헤라클레스와 황금사과를
지키는 헤스페리데스의 요
정들

전승되어 내려온 것이다. 『올림피아』의 저자 노먼 가디너N. Gardiner는
예술가가 이러한 전승에 의거하지 않은 채, 그냥 자의적으로 누드화를
그리기는 어려운 일이라고 결론지었다. 또한 이 메토프에는 거인 아틀
라스로부터 헤스페리데스의 황금사과를 받는 헤라클레스의 모습이 나
오는데 이 또한 벌거숭이다.

✤ 헤스페리데스의 황금사과

　　제우스와 헤라의 결혼식 때 대지의 여신 가이아는 결혼선물로 황금사과
를 주었다. 헤라는 이 소중한 사과를 영원히 간직하기 위해 아틀라스 산 근처(현재
북서 아프리카)에 있는 정원에 심고, 결코 잠들지 않는 용에게 이를 지키도록 명했
다.

　　일설에 의하면 용과 헤스페리데스 요정들이 함께 황금사과를 지켰다고
한다. 용이 사과나무를 지키는 동안 요정들은 꾀꼬리처럼 아름다운 목청으로 노래
했다고 한다. 이 용은 100개의 머리에 다양한 다른 목소리로 이야기할 줄 아는 영
물이라고 했으나, 사과나무를 감고 있는 그냥 보통 뱀으로 묘사될 때가 많다. 이
용이 불사신이었다는 말도 있으나, 헤라클레스가 그의 상전 에우리스테우스의 명
을 받고 죽였다는 설도 있다.

　　헤라클레스의 열한 번째 과업은 이 헤스페리데스의 황금사과를 따오는
일이었다. 그는 맨 먼저 제우스와 테티스의 딸들인 강의 요정들을 찾아가 바다의
노신 네레우스가 사는 곳을 알아냈다. 헤라클레스는 잠들어 있는 네레우스를 생포

헤리스피데스 요정들과 황금사과의
나뭇가지를 떠받치고 있는 벌거숭이
헤라클레스

했으나, 그는 온갖 형상으로 변해서 달아나려고 발버둥쳤다. 그래도 헤라클레스가 그의 목을 끝까지 놓아주지 않자 노신은 하는 수 없이 헤스페리데스의 사과가 있는 장소를 실토했다. 일설에 의하면 인간을 위해 불을 훔친 죄목으로 매일 독수리가 생간을 파먹는 지옥의 형벌을 받는 프로메테우스를 헤라클레스가 구해주자, 그에 대한 보답으로 가르쳐주었다고 한다. 수많은 나라를 거친 끝에 드디어 헤라클레스는 아틀라스 산맥의 입구에 도착했다. 그는 프로메테우스가 가르쳐준 대로, 하늘과 땅의 기둥을 떠받치고 있는 거인 아틀라스에게 잠시 자기가 떠받치고 있을 테니, 대신 헤스페리데스의 사과를 따다달라고 정중히 부탁했다. 아틀라스는 3개의 황금사과를 가지고 돌아왔는데, 그는 더 이상 무거운 하늘을 이고 싶은 생각이 싹 사라졌다. 그래서 큰일 난 헤라클레스는 용케 꾀를 내어, 그의 머리의 손상을 방지할 깔개를 올려놓을 수 있도록, 잠시만 하늘을 받치고 서 있어 달라고 부탁했다. 미련한 아틀라스가 그러자, 헤라클레스는 사과를 집어 들고 그 자리를 떠났다. 또 다른 일설에 의하면 헤라클레스는 프로메테우스의 충고를 따르지 않고, 자신이 직접 용을 죽인 다음 사과를 땄다고 한다. 그가 황금사과를 에우리스테우스 왕에게 바치자 그는 헤라클레스에게 다시 돌려주었고, 그는 이를 아테네 여신에게 봉헌했다. 그러자 여신은 사과를 원래 위치에 돌려놓았다고 한다. 옛말에 '사서고생'이란 말이 딱 어울리는 경우이다.

프로메테우스를 해방시키는 헤라클레스

사과를 보여주는 헤라클레스

리디아 출신의 고대 그리스 여행가 파우사니아스의 증언에 따르면, 헤라클레스의 고풍스런 나체상은 조각의 전설적인 시조인 다이달로스의 작품이다. 오랜 전설을 대표하는, 즉 신화를 모티브로 하는 초기 그리스 예술에서 헤라클레스는 일반적으로 나체로 묘사되어 있다. 때문에 영웅의 초기 알몸 등장은 유력한 '전통'에 근거한다고 볼 수 있다. 헤라클레스와 나체에 대하여 이블린 해리슨Evelyn Harrison은 다음과 같이 언급했다. "(옛날 옛적) 올림푸스 산에 영웅적인 나체와 짧은 머리, 강인한 체구를 지닌 한 주민이 있었으니 그가 바로 헤라클레스이다. 그는 제우스나 다른 신들 앞에서 나체로 버젓이 돌아다닐 수 있는 유일한 인물이었다. 운동전수·전사·육체노동자의 나체도 그의 것이다. 헤라클레스에게 나체는 자기 정체성의 진정한 표식이며, 경력의 배지이다."
(『초기 파르테논의 아테나와 아테네인들』중에서 p.44)

　　헤라클레스의 나체는 앞에서 설명한 남근숭배나 전사·운동선수의 나체관행과도 밀접한 연관이 있다. 그는 '죽음과 악을 피하는 자', 나체의 전사·운동선수, 올림픽 경기의 창시자, 경기의 보호자 내지 일종의 수호천사로서 그리스에서 가장 인기 있는 영웅이었다. 영웅 중의 최고영웅 헤라클레스를 기리는 올림픽 경기의 참가선수들이 그들의 수호신(헤라클레스)의 나체나 몇 가지 특이점을 흉내 내는 것은 지당한 일로 여겨진다. 초창기에 그리스 신과 여신들은 그들의 신체적 에너지를 자랑스럽게 과시했고, 그들을 추종하는 열광적인 신도들에게도 이러한 과시를 덩달아 요구했다. 물적 증거에 의하면, 전사·운동선수는 후기 기하학 시대(B.C. 750~700년경) 예술가들의 주요 창작테마는 아니었다. 이 시대의 운동선수들은 무기도 헬멧도 쓰고 있지 않다. 또한 운동선수들의 신체도 호전적인 공격성보다는 긴 팔과 강인한 다리에 초점을 맞추고 있다.

　　B.C. 8세기는 '전사·운동선수의 나체'가 '운동선수의 나체'로 변화하는 시기이다. 바로 이때가 '체육'과 '영웅숭배'가 서로 결합하여 융화되는 시기이다. 전사·운동선수에서 운동선수의 나체로의 이행은

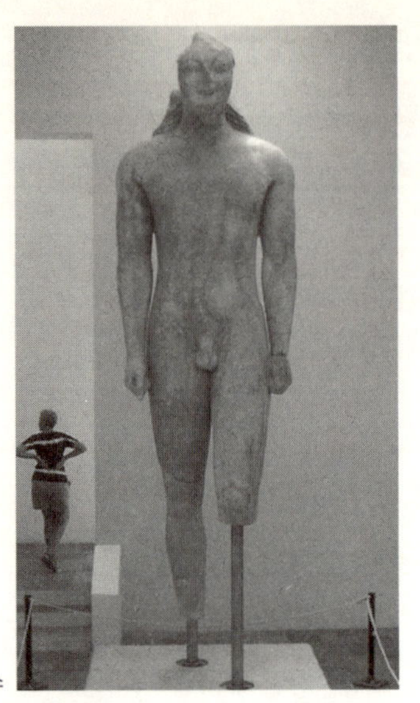

사모스의 쿠로스

운동선수의 가히 폭발적인 인기(?)에 힘입은 바가 크다. 우리는 B.C. 8세기가 그리스 운동선수의 나체 퍼포먼스의 서곡을 알리는 시기라는 점에 주목할 필요가 있다. 또한 이 시기에 청년상 쿠로스Kouros가 등장한다. 당시 모든 쿠로스 상이 가장 완벽한 미남자 아폴론 신을 대표하는 것은 아니다. 무덤에서 발견된 쿠로스들은 인간을 대표하는 묘비로 사용되었기 때문이다. 또한 고대에 쿠로스들은 운동경기의 승리자들을 위해 쓰였다. 그렇다면 왜 체전의 알몸관행이 유일하게 그리스적인 현상이었을까? 태초의 원시인들은 나체를 '공격성'의 표시로 사용했고 거기로부터 운동선수의 나체관행이 발전했는데, 다른 문화 속에서도 이는 공통된 현상이었을까? 이러한 질문에 답하기 위해서는 그리스인의 일상생활을 지배했던 '영웅숭배관'을 고려해 볼 필요가 있다. 그리스의 영웅과 신들은 그들의 신체적 에너지를 자랑스럽게 과시했고, 그들의 열광적인 추종자들에게도 같은 것을 요구했음을 다시 한번 상기해 볼 필요가 있다. 일찍이 역사의 아버지 헤로도토스는 이집트 종교에서는 영웅이 차지할 자리가 없었다고 지적한 바 있다. 올림픽에서 헤라클레스의 존재는 그리스 운동선수들의 나체관행에 가장 중요한 핵심열쇠이다. 왜냐하면 그는 전통적으로 '누드 히어로'이며, 알몸의 전사·운동선수였기 때문이다. 그래서 그를 흠모하고 추종하는 운동선수들이 그의 나체를 그대로 모방한 것이다. 그런데 만일 나체가 전사·운동선수에게 이로운 것이었다면, 왜 유독 운동선수들만이 이를 추종하였을까? 고대전사들도 운동선수와 마찬가지로 전투 중에 보호의 힘과 확신을 얻고 싶어 하는 것은 인지상정이었을 텐데 말이다. 그리스인들은 그들 나름대로 고전문명을 이룩하면서, 나체의 관행을 체육 속에 그대로 유지했다. 그러나 그들은 자기들의 먼 조상들처럼, 나체의 공격성에 대해서는 그다지 의식하지 못했다. 달리 말하면 원시적인 나체관행은 고등문명에서도 그대로 존속하였으나, 나체와 연관된 보호의식이나 액땜의 관행은 거의 실종되어 과거의 저편으로 사라졌다는 이야기다. 고전적인 전사들은 상대적으로 나체가 주는 보호감保護感을 별로 의식하지 않았다. 현존하는 원시부족 사이에서도 공격성을 나타내는 나체관행이 지배적이다가도, 근대문명의 영향력에 일단 놓이게 되면 이러한 관행은 급속히 사라진다. 만일 한 고대 그리스인이 김나지움에서 벗는 행위가 수치스럽다고 느꼈다면, 그것은 그 그리스인의 의식 또는 무의식 속에 나체가 '야만인의 관행' 이라는 관념이 은연 중에 자리하고 있기 때문이다. 왜 그리스인들은 그들의 나체와 그토록 사랑에 빠졌을까? 그것은 그들의 심미안적인 철학과도 밀접한 관계가 있다. 나체는 그리스 체육 속에서 그 명맥을 유지했다. 왜냐하면 그리스의 독특한 영웅적인 전통과 종교가 그것을 적극적으로 옹호했기 때문이다. 그래서 공격성의 표시나 액땜의 수단으로 나체를 이용하는 인간사회 초기의 원시적 관행, 즉 인간본성의 동물적인 부분을 잘 반영해주는 관행은 역사시대에도 계속 생존하였으며, 그리스문명의 빛나는 보고 가운데 하나인 그리스 체육 속에서 그 피난처를 찾았다.

레슬링 시합에서 리디아의 폭군 안타에우스(Antaeus)를 죽이는 헤라클레스. 안타에우스는 이방인에게 레슬링을 억지로 강요해서 죽이는 것으로 유명했다. 그를 처치한 헤라클레스는 야생동물이 창궐하는 불모의 사막지대인 이 지방에 법과 문명을 전파하여 도시의 낙원으로 만들었다.

❄ 고대 올림픽의 규칙

과연 고대 올림픽에는 어떤 규칙들이 있었을까? 고대 올림픽은 선수에게 아주 엄격한 제한을 두었다. 고대 그리스인들은 올림픽은 신성불가침이기 때문에, 오직 순수한 혈통을 가진 자만이 제전에 참가할 수 있다고 믿었다. 그래서 운동선수에게 '혈통'에서 '품성'에 이르기까지 일련의 까다로운 자격조건들을 제시했다. 고대 올림픽은 아주 특별한 민족적 성격과 종교적 색채를 지녔으므로, 고대 올림픽 참가자의 숫자를 엄격히 규정했으며 운동선수의 신분에 대한 요구 역시 까다로웠다. 비록 자유공민의 신분일지라도, 결코 모든 자유공민이 고대올림픽에 참가할 수 있는 기회가 있는 것은 아니었다. 일부 수공업자들은 평소에 늘 생계를 위해 일해야 했기에, 장기간의 트레이닝에 참가할 수가 없었다. 때문에 올림픽에 참가할 수 있는 기회를 포기할 수밖에 없었다. 고대올림픽에 참가하는 운동선수들은 대부분이 노예주 귀족이었으며, 비록 자유 신분이지만 부유하지 못한 대부분의 공민들도 올림픽에 참가할 수 없었다.

장례식 묘비에 나타난 노예 소년

운동선수는 다음과 같은 몇 가지 요구사항에 부합되어야 했다.

첫째, 반드시 순수한 그리스인이여야 했다. 즉 그리스어를 사용하는 자유민 남성만이 경기에 참가할 자격이 주어졌다. 그래도 올림픽은 가히 '국제적'인 행사라 불릴 만했다. 왜냐하면 다양한 그리스 도시국가(폴리스)로부터 기라성 같은 운동선수들이 몰려들었기 때문이다. 또한 지중해나 흑해 연안의 그리스 식민지에서도 열심히 참가했다.

둘째, 반드시 범죄경력이 없는 자유인이여야 하고, 만일 오점이 있거나 '노예' 일 경우에는 경기에 참가할 수가 없었다. 셋째, 반드시 남자여야 했다. 그리스 작가 플루타크의 이야기를 믿는다면, 젊은 남성이어야 했다. 너무 노숙해 보인다고 퇴짜를 맞은 한 청년이 있었다. 그는 자기 애인이 스파르타 국왕을 설득시킨 후, 국왕이 그의 젊음을 보증(?)해 준 덕분에 대회에 가까스로 참가할 수가 있었다.

넷째, 경기 참가자는 경기시작 전에 반드시 규정에 따라 10개월간 트레이닝을 받아야 했다. 10개월 동안의 트레이닝에서 먼저 자신이 살고 있는 도시에서 9개월간의 트레이닝을 거치고, 마지막 한 달은 올림픽 주최도시에 가서 심판원의 지도 밑에 트레이닝을 받았다. 고대 올림픽에서 각 도시의 경기 참가자들은 주로 엘리스에 모여 마지막 한 달 동안의 트레이닝을 받았다. 그들은 심판원의 감독과 지도하에 특별 다이어트식을 실천했다. 즉 탄수화물을 적게 섭취하고 고단백질을 많이 섭취하는 '아트킨Atkins 다이어트 요법(일명 황제 다이어트)' 을 했다고 한다. B.C. 480년에 올림픽경기의 한 우승자는 대회 전 10개월 동안 오직 '고기' 만을 먹었다고 진술했다. 그리고 그는 이겼다. 운동 선수들이 즐겨 먹었던 또 다른 식품은 바로 무화과였다. 멋진 근육을 만들어주고 스태미너를 공급한다고 해서 많이 애용했다. 운동선수의 표본인 헤라클레스 역시, 디저트로 신선한 무화과 열매를 먹었다고 전한다. 디저트 와인을 포함한 와인은 누구에게나 필수 식품이었다. 왜냐하면 와인은 비단 음용뿐만 아니라 조

올림피아의 아스테릭스(프랑스 만화). 경기에서 이기기를 바란다면 '빵과 케밥, 그리고 와인' 을 달라고 외치는 풍자적인 모습이다

램프와 통과 양파식단으로
묘사된 철학자 디오게네스

리에도 널리 사용되었기 때문이다. 당시 의학의 아버지 히포크라테스는 근육통 을 앓는 운동선수들에게 다음과 같이 재미있는 충고를 했다. "하루에 한두 번 씩 곤드레만드레 취하시오."

파우사니아스에 따르면 옛날에는 선수들이 고기를 먹지 않았고, 대신 신선한 치즈를 많이 먹었다. 고대 철학사가인 디오게네스 라에르티오스Diogenes La1rtius는 운동선수의 원래 식단이 말린 무화과와 촉촉하거나 신선한 치즈turoi, 소맥 등으로 짜여 있었다고 전했다. 운동선수들이 고기를 먹는 습관은 수학자 피타고라스나 위대한 달리기 선수였던 스팀파루스의 드로메우스가 최초로 도입했다고 전해진다. 격렬한 운동을 하는 선수들은 돼지고기와 특별한 종류의 빵을 섭취했다. 견유학파 시노페의 디오게네스(B.C. 412~323년)에 따르면, 바로 그의 시대에 소고기와 돼지고기가 운동선수의 보통식단으로 정착했다. 플라톤 역시 소고기가 운동선수의 음식이었다고 언급했다. 희극작가 아데나에우스가 인용한 한 작가는 염소고기만 먹고 살았던 한 테베 인이 그 시대의 모든 운동선수를 이길 수 있을 만큼 힘이 세졌다고 자랑했다. 당시 명성을 떨쳤던 운동선수들이 먹었다는 고기의 양은 현대인들이 도저히 믿을 수 없을 정도로 엄청나다. 배불리 먹은 후에 그들은 충분한 수면을 취했다.

트레이닝 결속 후에 심판원은 다시 신체소질 · 개인품성 등 경기 참가자에 대한 마지막 선발을 진행했다. 최후 입선자의 명단을 목판에 새긴 후, 올림피아에서 가장 눈에 뜨이는 곳에 두고 만인이 볼 수 있도

✤ 고대 그리스인의 일상식

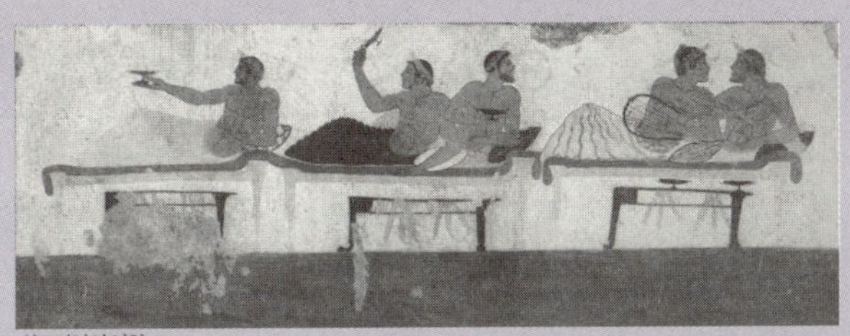

심포지엄의 연회

　　그리스인은 하루에 세끼 식사를 했다. 아침식사는 와인에 적신 보리빵에 무화과나 올리브 열매를 가끔씩 곁들여 먹었다. 점심은 정오나 이른 오후에 먹었다. 저녁이 하루식사 중 가장 중요한 식사였고, 보통 해질녘에 들었다. 늦은 오후에 간식을 보충하기도 했다. 그리스인은 앉아서 식사를 했고, 누워서 하는 긴 의자는 연회 때 사용했다. 높은 테이블은 보통 식사용으로, 낮은 테이블은 특별 연회용으로 쓰였다. 초기에는 사각 테이블이었으나 B.C. 4세기경부터 사자의 발톱처럼 동물다리로 장식된 둥근 테이블이 주종을 이루었다. 그리스인들은 아이들의 무덤에 테라코타(붉은 질그릇)의 소형화가 그려진 가구를 갖다 놓는 관습이 있었다. 이를 통해 우리는 과거의 생활상에 대한 유익한 정보를 얻을 수가 있다. 편편한 빵덩어리를 접시로 사용하기도 했지만 테라코타나 금속 용기도 자주 사용했다. 시간이 경과함에 따라 접시도 더욱 세련되고 정교해졌다. 로마시대에는 종종 비싼 귀금속이나 유리로 접시가 만들어졌다. 포크사용은 아직 알려지지 않았고, 사람들은 너나할 것 없이 손가락으로 음식을 집어먹었다. 고기를 자르는 데는 나이프, 수프나 국을 마시는 데는 근대 동양수저와 비슷한 스푼이 사용되었다. 그리스인의 식생활은 지역에 따라 매우 천차만별이었다. 전설적인 스파르타인들은 검약과 단순성, 음식에 대한 최소한의 미니멀리즘으로 유명하다. 그들은 검정 이집트 콩으로 만든 영양가가 풍부하고 걸쭉하며 고기 없는 수프Melan Zomos를 늘 상식했다. 반면에 이탈리아 남부에 있었던 사치·향락으로 유명한 고대 그리스의 도시 시바리스에서는 당대 최고급 식도락문화를 향유했다. 다른 도시국가들은 대개 이 양극단의 중간지점에 위치했다. 아테네인들 역시 "매사에 적당하게Pan Metron Ariston"란 그들의 중용철학에 걸맞게 중간위치를 고수했다. 고대 그리스인의 기본식단은 오늘날과 마찬가지로 빵과 올리브유, 그리고 와인이다. 이 세 가지 기본식품은 신성한 상징물, 곧 '신의 선물'로 고양되었다. 그것은 사냥, 낚시, 채집과는 달리 농업과 기술의 피땀 어린 산물이었다. 그리하여 헤로도토스는 "빵을 모르는 육식주의자는 야만인이다"라고 선언했다.

곡물빵

|빵|

곡류가 주요 식품이었다. 주요곡물은 밀과 보리였다. 흠뻑 적셔서 부드럽게 만들거나 오트밀 죽을 끓이거나 아니면 갈아서 가루를 만들었다. 빵을 만들어 먹는 경우에는 아무것도 들어가지 않은 맨 빵이나, 치즈와 꿀을 섞어 맛을 낸 빵을 먹었다. 효모사용은 널리 알려져 있었으나, 돌 오븐은 로마시대에 가서야 나타났다. B.C. 6세기경 유명한 아테네의 입법가 솔론은 효모를 넣은 빵은 오직 축제 때나 사용해야 한다고 명시했다. 그러나 고전시대에 비록 가격은 비쌌으나 효모를 넣은 빵이 빵집에서 판매되었다. 보리는 생산하기는 쉬워도 이것으로 빵을 만들기는 쉽지 않았다. 보리빵은 영양가는 풍부했지만 덩어리가 투박하고 두툼했다. 희극작가 아리스토파네스에 의하면 "문자 그대로 오직 보리만 먹는"것은 영국식의 "물과 빵만의 식사"와 별 차이가 없다.

|야채와 과일|

그리스어로 '옵손opson'이란 뭐든지 불 위에서 준비된 것을 가리킨다. 이 옵손과 곁들여 먹는 것은 대개 빵이었다. 그러나 『일리아드』에서는 고기가, 『오디세이』에서는 생선이 각각 언급된다. 그러나 그리스 고전시대에는 양배추나 양파, 렌즈 콩, 콩 등의 야채를 곁들여 먹었다. 아리스토파네스의 희극에 언제나 대식한으로 등장하는 헤라클레스가 가장 좋아하는 요리는 퓌레(채소나 고기를 삶아 곱게 걸러 만든 수프 음료)였다. 날것이거나 절인 올리브는 대개 고명으로 쓰였다. 도시에서 신선한 야채는 워낙 고가이어서 거의 먹지 않았다. 가난한 도시의 거주민은 말린 야채를 먹었다. 양파는 군대생활의 상징물이었다. 아리스토파네스는 그의 작품 『평화』(B.C. 421년)에서 양파 냄새가 군인을 대표하는 것으로 묘사했다. 전쟁의 종결을 축하하면서 코러스는 이렇게 외친다. "오 기쁨이여! 기쁨! 헬멧도 치즈도 양파도 이제 그만!" 생과일이나 말린 과일은 디저트로 먹었다. 주요과일은 무화과와 석류와 견과류였다. 말린 무화과는 식욕촉진제로 쓰였으며, 와인을 마실 때 함께 곁들였다. 말린 무화과 외에도 그리스인은 이집트콩이나 말랑말랑한 밤을 와인과 함께 마셨다.

|음료|

가장 잘 알려진 음료는 물이었다. 물을 긷는 것은 여성들의 일상적인 임무였다. 우물도 많았지만 가장 선호했던 것은 바로 땅 밑에서 퐁퐁 솟아오르는 '샘물'이었다. 그것은 나무와 식물들을 무럭무럭 자라게 한다. 핀다로스는 마치 "꿀물처럼 기분 좋은 샘물"이란 표현을 썼다. 그리스인들은 물에 대해서 "무거운,

마른, 산성의, 달콤한, 시큼한, 와인 같은"이란 표현을 자주 썼다. 그리스의 코미디 시인 안티파네스Antiphanes의 희극에 등장하는 인물들은 아테네의 모든 물맛을 구별할 수 있을 만큼, 혀의 미각기관이 뛰어나다고 한껏 자랑을 일삼았다. 세기 후 반 그리스의 철학자·웅변가 아테나에오스 역시 많은 철학자들이 채식주의 습관 때문에 물외에는 아무 것도 마시지 않는 것으로 유명했다고 전했다. 우유는 대개 염소우유를 마셨다. 통상적으로 사용하는 음료용기는 나무나 테라코타, 또는 금속으로 만들어진 스키포스skyphos였다. 킬릭스kylix나 연회용으로 손잡이가 달린 칸타로스kantharos, 또는 인간이나 동물 머리의 형상을 한 뿔 모양의 술잔 라이톤rhyton 등을 사용했다.

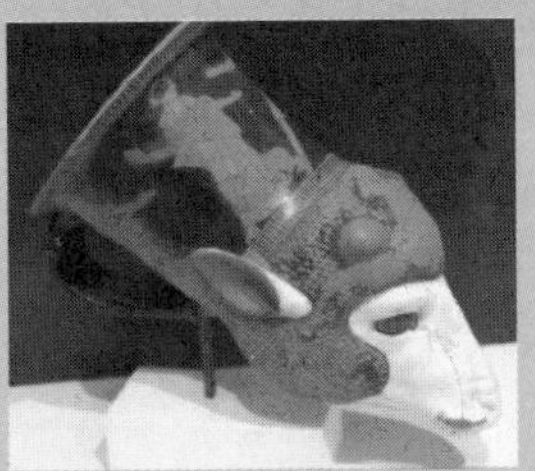
아테네의 라이톤(B.C. 60~450년)

|와인|

그리스 와인에는 레드 와인, 로제 와인, 화이트 와인 이렇게 세 종류기 있다. 타소스, 레스보스, 키오스, 크레타 지방의 와인을 가장 최상급으로 여겼다. 그러나 대다수의 서민들은 짜낸 포도의 찌꺼기와 앙금으로 만든 이등급 와인을 마셨다. 때때로 꿀로 와인을 달게 해서 마셨고, 백리향이나 박하류의 식물이나 약초를 넣어 의약용 와인을 주조하기도 했다. 1세기까지 그리스인은 소나무 송진을 넣은 와인에 몹시 친숙했다. 로마 작가인 클로디우스 아엘리아누스Claudius Aelianus는 향수를 섞은 와인을 언급했고, 아테나에오스는 끓인 와인이나 타소스 지방의 달콤한 와인 등을 소개했다. 그리스인은 '물탄' 와인을 마셨다. 물을 전혀 섞지 않은 와인은 북방야만인의 관습으로 광기와 죽음을 불어온다고 믿었다. 아엘리아누스는 아르카디아의 헤라 제전에서 온 와인은 남성들을 바보로 만들고, 여성들은 애를 많이 낳게 한다고 했다. 한편 이와 정반대로 아카이아 와인은 아이를 유산시킨다고 믿었다. 병의 치유를 위한 사용 외에는 그리스 사회에서는 여성의 음주를 엄격히 금지했다. 오직 스파르타의 여성들만이 와인을 자유롭게 마실 수 있었다.

록 했다. 경기 전 심판원은 전체 선수들에게 규정에 따라 훈시를 했다. "만일 네 훈련이 올림픽경기에 참가하는 데 부끄럽지 않다면, 만일 네가 나태와 불명예스러운 행위로 얼굴이 깎이지 않는다면, 그렇다면 용감히 전진해라. 만일 그렇지 않다면 그럼 네 마음대로 해라!" 이것이 바

복싱경기

로 심판원의 훈시였다. 그때부터 운동선수들은 더는 경기에서 퇴출할 수 없었고, 아닌 경우에는 거액의 벌금을 물어야 했다.

고대 올림픽 경기 참가자격을 얻은 후 선수들은 아주 중요한 의식의 거행했다. 이것이 바로 '선서의식' 이었는데 제우스신상 앞에서 엄숙히 진행되었다. 심판원은 선수들을 집합시킨 다음 한 명씩 호명했다. 그러면 대중들은 규칙과 요구에 부합되지 않는 면이 있는지 한명씩 평가했다. 평가에서 통과된 경기 참가자는 신상 앞에서 오른손을 들고 자기 이름과 도시이름을 높이 외치고, 자신이 10개월간의 트레이닝을 거쳤음을 보증하며 불법적인 수단으로 승리하지 않을 것임을 맹세했다. 또 올림픽의 규칙을 절대로 위반하지 않을 것이며, 그렇지 않을 경우 제우스신의 벌을 달갑게 받겠노라고 약속했다.

종교색채가 다분한 이런 선서의식은 고대 올림픽의 기나긴 역사 기간에 대다수 독실한 선수들이 위반행위를 저지르지 않도록 담보해주었다. 너무 지나치게 상업적 · 정치적이며 직업적이라는 현대 올림픽에 쏟아지는 맹렬한 비난에 비해, 고대 올림픽은 체육에 대한 순수한 열정과 공정한 경쟁, 신들에 대한 공경심 등 선수들의 소박하고 건전한 정신과 건전한 육체를 자랑하기에 그다지 손색이 없는 것 같다. 하지만 그렇다고 해서 모든 선수들이 결코 규칙을 위반하지 않았다는 이야기는 아니다. 고대 올림픽 당시에도 정치 · 민족주의 · 상업주의와 체육은 서로 긴밀한 유착관계를 유지했다. 고대 올림픽에서 법규위반자는 일반적으로 아주 많은 벌금을 냈으며, 때때로 모진 채찍형벌을 받기도 했

다. 고대올림픽 경기장의 입구에는 6개의 제우스 신상이 세워졌으며,
이런 동상은 위법선수들의 벌금으로 만들어진 것이었다. 신상에는 벌
금자의 성명과 그가 벌금을 낸 원인을 일일이 기록해놓았다. 동상에는
이런 경고의 글도 적혀있었다. "올림피아에서는 체력과 기술로 상대방
을 전승해야 하며 금전은 당신이 승리하도록 할 수 없다." "올림픽경기
대회는 체력의 겨룸이지 결코 금전의 겨룸이 아니다." 이런 동상들은
당시 아주 커다란 교육적 의의를 지녔다.

　　선수들의 선서의식이 끝난 후 합격자 명단은 목판에 새겨졌고
올림피아에서 가장 눈에 뜨이는 곳에 걸렸다. 그 시각부터 합격자들은
그 어떤 구실로도 경기에서 퇴장당하지 않았다. 선수는 일련의 엄격한
검사를 받은 후 알몸으로 신상 동북쪽에 있는 경기징으로 걸어 들어깄
다. 그곳에서 그들은 자신과 고향의 영예를 위해 우승하도록 필사적으
로 싸워야만 했다. 고대올림픽은 단지 체력과 의지를 겨루는 대회만이
아니었으며 연속 1000여 년의 역사에서 사실상 고대 그리스 전 국민의
명절이기도 했다.

　　올림픽 소집 전 심판원이 파견한 사절은 '신성한 휴전'의 명령
을 전달했다. 신성한 휴전이 선포된 후 코치와 선수들은 심판원의 인솔
하에 엘리스에서 올림피아로 출발했다. 이때 각 도시의 대표와 수천·
수만명의 관중들이 그리스 각지 또는 아시아, 아프리카, 이탈리아, 시
실리연해에 있는 그리스 식민지에서 올림피
아로 몰려들었다. 때문에 올림피아로 통하는
길목마다 사람과 차량들로 붐볐다. 올림피아
의 잔디밭에는 오색찬란한 텐트들이 즐비했
다. 이곳에 도착한 선수들과 관중들은 카니
발에 가까운 각양각생의 경축행사를 가졌다.

올림피아에서 삼각의자인
트리포드(Tripod)가 많이 발
견되는 것으로 미루어, 이도
역시 승리자에게 주어지는
상이었을 것으로 추정하고
있다.

치열한 경기가 끝나면 각 도시의 대표들은 또 여러 가지 각종 행사를 치렀다. 정치사절들은 이곳에서 조약을 체결했고 예술가들은 작품을 전시했다. 또 시인은 자신의 시를 읊었고, 학자와 교사들은 열띤 학술 토론을 벌였다. 웅변가들은 연설을 발표하고, 상인들은 상품을 진열했다. 경기자들은 사석에서 서로 기술을 교류했고, 일부 갑부들은 이곳에서 우수한 청년을 골라 사위로 삼았다. 심지어 올림피아에서는 개인경기가 벌어지기도 했는데, 고대 올림픽에 참가하는 관중들은 가장 화려한 옷에 가장 진귀한 보석으로 치장함으로써 자신의 부를 외부에 과시했다. 때문에 고대 올림픽이란 이 성회는 경기범위를 훨씬 초월했음을 알 수 있다. 고대 올림픽은 사실상 그리스의 종교문화와 정치 · 경제의 구성부분이었으며, 전 헬라스인의 감정을 융합하는 역할을 담당하여 고대 그리스에서 가장 성대한 명절이 되었다.

✤ 스포츠 규칙

나체의 전차 경주자

- 전차경주의 경우에는 경주마의 주인들이 승자가 되었다.
- 레슬링이나 권투시합은 체중제한이 전혀 없었다.
- 판크라티온pankration은 고대 그리스에서 거행된 격투기의 일종이다. 그 이름은 '모든'이란 뜻의 판pan과 '힘'이라는 뜻의 크라토스kratos가 합성된 말이다. 복싱과 레슬링을 합한 것 같은 형태의 맨손경기로, 눈을 찌르거나 물어뜯는 것을 뺀 모든 공격법이 허용되며, 한 쪽이 항복할 때까지 계속되는 거친 경기였다. 주먹으로 구타하거나 발로 차는 것, 목을 졸라 질식시키는 것, 손가락을 부러뜨리거나 생식기에 타격을 가하는 것조차도 모두 허용되었다. B.C. 648년부터 고대 올림피아제 정식 종목으로 채택되었으며, 그리스의 멸

망과 더불어 사라졌다. 이 판크라티온에서 복싱 · 레슬링이 파생되었다고 한다.

    - 경보경주 중 스타트를 잘못한 선수는 채찍질을 당했다.

    - 호프리토드로모스Hoplitodromos는 일종의 경보경주로 나체의 주자가 중장비보병의 무기를 들고 뛰어야 한다는 점이 특징이다. 헬멧, 갑옷의 정강이받이, 방패 등인데 그 무게가 자그마치 50-60파운드나 되었다고 한다.

호프리토드로모스

    - 투창경기는 멀리 던진 창이 정해진 구역을 이탈했을 경우에는 무효처리되었다.

    - 거짓말이나 뇌물, 속임수 등은 무거운 벌금을 물어야만 했다. 너무 나이 어린 소년, 여성, 노예를 제외한 그리스 성인남성은 이론상 누구나 올림픽에 참가할 자격이 있었다. 일단 참가를 인정받은 선수는 중도에 하차하거나 퇴장할 수 없다. 범죄나 신전의 물건을 훔친 자는 경기에서 제명되었다.

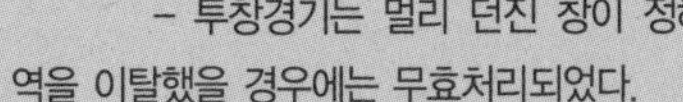 고대 올림픽의 에필로그

    몇몇 도시국가들이 특권과 정치적 이권다툼 때문에 올림픽 지성소를 차지하기 위해 치열한 쟁탈전을 벌였다. 파우사니아스에 따르면, B.C. 668년에 고대 그리스의 아르고스 왕 페이돈이 피사Pisa의 사주를 받고, 엘리스Elis로부터 올림픽 지성소를 빼앗은 적이 있었다. 그런 다음 그는 올림픽 경기를 몸소 친히 장악했다. 그러나 이듬해에 엘리스가 다시 올림피아 지배권을 획득했다. 아테네 작가 크세노폰에 의하면, B.C. 364년에 피사인들이 올림픽 경기의 지배권을 다시 장악하자, 이에 분개한 엘리

제우스 신전의 유적지

스인들이 5종 경기 결승전 때 제단의 탈환을 노린 적이 있었다. 그들의
머리 위에 돌과 창의 미사일이 무수히 떨어지자 그들은 일단 후퇴했다.
그러나 그날 밤 아르카디아 인들은 밤새도록 거대한 방어용 말뚝진지
를 쌓았고, 이튿날 아침 이를 목도한 엘리스인들은 그 위세에 꺾여 부
득불 철수하고 말았다. 여성만의 올림픽인 헤라 경기대회 역시, 엘리스
와 피사 간의 골이 깊은 갈등과 연관이 깊다. 헤라 경기를 주관하는 16
명의 여인들은 피사와 엘리스에 선발된 평화중재자들이었다.

고대 그리스인들은 고도로 경쟁적이며, 운동 · 음악 · 극 따위의
현상懸賞경기에 대한 열정이 대단했다. 그리스인의 궁극적인 목표는 바
로 '최상'이 되는 것이었다. 특히 올림픽 경기에서 승리하는 것이 최고
의 영예였다. 올림픽 경기에서 이긴 자에게 주어진 상이 단지 올리브
생나무 가지로 엮은 올리브 관 하나였다는 점이 이를 잘 입증해준다.
경기자는 물질적 보상보다는 영예를 위해 최선을 다해 싸우는 것이다.
운동경기는 그리스인에게 가장 중요한 덕목 가운데 하나였다. 소년들
의 교육 역시 체육과 음악, 또 철학과 같은 아카데미 교과목에 집중되
어 있었다. 교육은 체육장 또는 훈련소인 김나지움,[12] 레슬링 연습장인

레슬링 연습장 팔라이스트라

팔라이스트라palaistra,
또 아카데미아에서
이루어졌다. 플라톤
의 서양최초의 자유
대학인 아카데미아
도 역시 김나지움의

---

[12] 원래는 청소년들이 옷을 벗고 경주를 하거나 승마 · 레슬링 · 권투 · 원반 등을 할 수 있는 넓은 운동장을 가리
키는 말이었다. 체육을 음악 · 문학 · 철학 등의 학문과 함께 청소년의 교육에 없어서는 안 되는 것으로 생각하였
던 그리스에서는 김나지움을 종합적인 교육시설로 발전시켰다. 그 안에는 탈의실욕실 · 창고 · 교실 · 강연회장 및
다목적홀로서의 주랑(柱廊) 등의 시설이 세워졌고, 경주를 위한 주로(走路)는 스타디움으로 정비되었다.

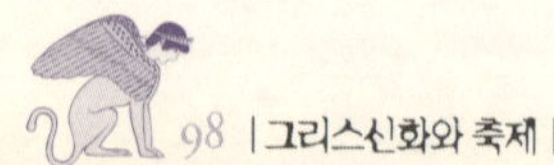

하나라고 할 수 있다.

　　　조각가들은 올림픽 승리자들의 조각상을 멋지게 창조했고, 시인들은 불멸의 송시를 통해 그들을 한껏 추켜세웠다. 보통 올림픽 경기 중에는 휴전이 이루어졌다고 하지만 늘 그런 것은 아니었다. 그러나 군인이기도 한 운동선수는 경기에 참가하기 위해 군대를 떠날 수 있었다. 또한 그에게는 적군영토에 대한 안전통행이 보장되었다. 올림픽 경기는 393년 로마황제 테오도시우스 1세에 의해 폐지되었다.[13] 올림픽 폐지는 로마국교로서의 기독교를 정착시키기 위한 일환의 조치였다. 고대 올림픽 경기가 열렸던 성스런 장소는 B.C. 6세기 경 지진으로 건물이 파괴될 때까지 그대로 남아 있었다.

✴ 피디아 제전

피디아 경기는 근대 올림픽 경기의 선구라고 할 수 있다. 이 제전은 운동선수들이 그들의 기량을 마음껏 펼칠 수 있는 가장 특권적인 운동시합이었다. 피디아 경기는 네메아 경기와 이스트미아 경기 사이에 4년마다 열렸다. 참고로 올림픽과 피디아 경기는 4년마다 개최되었고, 이스트미아와 네메아 경기는 2년마다 개최되었다. 이스트미아 제전은 4월에, 네메아 제전은

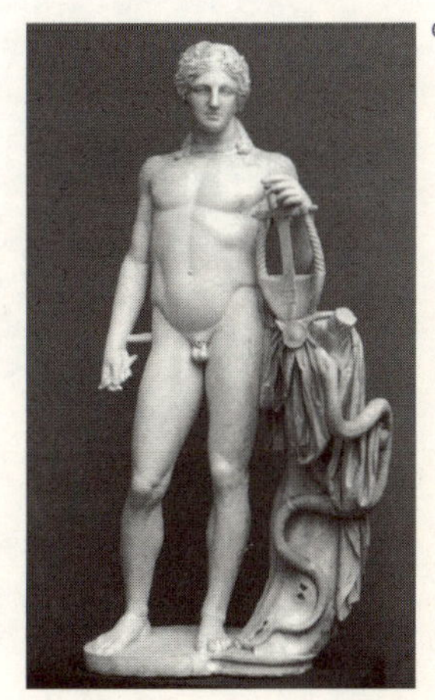
아폴론신

13| 또는 그의 손자인 테오도시우스 2세가 435년에 폐지했다고도 한다.

월계수

7월 하순에 열려 서로 중복되거나 상충되는 일은 없었다.

피디아 경기는 태양의 신 아폴론을 기리는 축제로 델피의 스타디움에서 열렸다. 피디아 경기의 기원은 B.C. 6세기로 거슬러 올라간다. 이 피디아 경기에는 스포츠 외에도 '음악과 시'의 경연이 포함되어 있었다. 경기의 하이라이트는 네 필의 말이 이끄는 전차경주였다. 올림픽과 마찬가지로 승자에게 상금은 없었고 월계수 잎으로 만든 관이 주어졌다.

✤ 월계관의 기원

님프 다프네를 쫓아가는 아폴론

호머는 많은 경기를 자세히 진술했으며, 그의 기록은 후세에 많은 단서를 제공한다. 태초에 신과 괴물 사이에서 치열한 경합이 벌어졌다. 거기에 대한 상으로 아폴론 =의 나무인 월계수 관이 주어졌다. 이 전설적인 이야기는 아폴론신의 첫사랑으로부터 비롯된다. 그는 강의 신의 딸인 다프네를 열렬히 사랑하게 되어 이 세상 끝까지 끈질기게 그녀를 추격했다. 그런데 그녀가 거의 잡히려는 찰나에 월계수로 변해버렸기 때문에 아폴론은 월계수와 아주 특별한 인연을 맺게 된다.

그녀는 제우스에게 (일설에 의하면 자기 아버지인 강의 신에게) "내가 만일 아름다워서 이런 봉변을 당한다면, 차라리 제 몸의 형태를 바꾸어 주세요!"라고 간절히 기도를 했다. 그러자 그녀의 소원이 이루어졌고 그녀의 나신은 무성한 월계수 잎으로 바뀌었다. 그러자 아폴론은 그 월계수의 잎을 꺾어서 자신의 머리 위에 꽂으면서 탄식해마지 않았다. "당신은 나의 신부가 될 수는 없지만 나의 나무가 될 수는 있을 거요. 나의 머리와 나의 리라, 나의 화살 통은 그대의 사랑스런

월계수로 장식될 거요."(오비디우스의 『아폴론』중에서)

| 이루어질 수 없는 사랑 |

최고의 미남신 아폴론의 구애를 거절한 여인이 오직 요정 다프네뿐만은 아니었다. 인간여성 마르페사 역시 아폴론 대신 이다스란 인간을 선택했다. 그녀는 자신이 늙게 되면 아폴론이 행여 자기를 버릴까 봐 두려워서 그런 엉뚱한 선택을 했다고 전한다.

테살리의 아름다운 여인 코로니스Coronis 역시 아폴론보다 인간 이스키스를 더 좋아했다. 아폴론은 자신이 애지중지하는 까마귀crow로부터 그녀가 이스키스와 몰래 연애 중이라는 소리를 듣고서 그 까마귀를 저주하여 아름다운 흰색 깃털을 검은색으로 바꾸어버렸다. 그래서 오늘날 까마귀의 깃털이 숯처럼 시꺼매졌다는 것이다. 또 임신한 크로니스를 죽여버렸고, 타오르는 장례식 장작더미 위에 누운 그녀의 시체 속에서 자기 아이인 아스클레피우스Asclepius를 낚아채 살렸다.[14]

프리아모스의 딸 카산드라와도 실패했다. 아폴론은 그녀의 사랑을 얻기 위해, 어떤 소원이든 들어 주겠다고 약속했다. 카산드라는 예언하는 능력을 원했고 아폴론은 그 약속을 지켰다. 그러나 카산드라는 여전히 아폴론의 사랑을 보기 좋게 거절했다. 카산드라는 아폴론은 신이자 남성이기 때문에 약속을 지켜야겠지만, 자신은 인간이고 여성이기 때문에 약속을 지킬 필요가 없다고 했다. 아폴론은 사랑을 포기할 테니, 마지막으로 입맞춤이나 허락해 달라고 부탁했다. 입을 맞추는 동안 아폴론은 그녀의 혀에서 모든 설득력을 빼앗아 버렸다. 그것은 결국 신의 선물을 무용지물로 만들었다. 카산드라가 트로이인들에게 목마에 대해 경고를 했지만 아무도 그녀의 말을 믿지 않았다. 결국 유서 깊은 고대도시 트로이는 '트로이 목마'라는 무서운 복병에 의해 멸망하고 말았다.

❋ 피디아 제전의 기원

피디아 제전은 거대한 뱀인 파이톤을 물리친 아폴론 신의 승리를 기념하기 위한 것이다. 제우스가 여신 레토와 관계하여 쌍둥이 남매

14| 또 다른 일설에 의하면 아폴론은 코로니스가 부정을 저지르고 있다는 까마귀의 거짓말을 믿고 코로니스를 죽이고 마는데, 그때 코로니스는 임신 중이었다. 나중에 거짓말임을 알게 된 그는 죽은 코로니스의 몸에서 아스클레피우스를 꺼내고 반인반마의 켄타우로스인 케이론(Chiron)에게 맡겼다.

인 아폴론과 아르테미스를 뱃속에 가졌을 때의 일이다. 질투심에 불탄 제우스의 본처 헤라 여신이 파이톤이라는 커다란 뱀을 보내 레토를 땅 끝까지 쫓아다니게 했다. 그래서 레토는 태양이 비추는 곳이면 어디에서도 해산을 할 수가 없었다. 온 세계를 방랑하던 레토는 바위투성이인 불모의 섬 델로스에 도착해서, 겨우 만삭이 된 몸을 풀 수가 있었다.

❁ 델로스 섬

델로스섬

델로스는 아폴론과 아르테미스 여신의 탄생지로서 그리스에서 가장 중요한 신전이다. B.C. 3000 년경 전부터 사람들이 거주했던 흔적이 남아 있으며, 미케네 시대의 중요한 유적들이 신전 부근에서 발굴되었다.

천고의 신비를 간직한 이 섬의 유래는 다음과 같다. 제우스신이 레토의 자매인 아스테리아도 유혹한 적이 있었다. 그런데 그녀는 제우스의 접근을 피하려고 바다에 투신해버렸다. 그러자 제우스는 자신을 거부한 그녀를 한 마리의 메추라기로 변하게 하여 바다 속에 다시 던져버렸다. 그 때 그녀의 몸으로부터 기이하게도 떠다니는 섬이 하나 생겨났다. 처음에는 이 섬의 이름을 오르티기아라고 했으나, 나중에는 델로스로 불렸다. 그러나 혹자는 오르티기아와 델로스가 별개의 섬이라고도 주장한다. 그리하여 여자아이 아르테미스는 오르티기아에서, 또 사내아이 아폴론은 델로스에서 태어났다는 것이다. 일설에 의하면 포세이돈이 레토와 협상하여 델로스 섬을 그녀에게 내주는 대신 칼라우리아 섬을 갖기로 했다는 얘기도 있다. 다음 시는 레토가 쌍둥이를 낳기 전에 델로스 섬에게 주는 전언이다(호머의 『아폴론에게 바치는 송시』중에서).

"델로스여! 만일 그대가 기꺼이 나의 아들 아폴론의 거처가 되어준다면, 또 그의 풍요로운 신전이 되어준다면, 아무도 그대를 손끝하나 건드리지 못할 것이다. 그대는 소나 양, 포도밭도 전혀 가지고 있지 않지만, 만일 그대가 아폴론 신전을 갖게 된다면 모든 사람들이 네게 100마리의 소를 바치러 여기로 몰려들 것이다. 언제나 풍요로운 제물의 향기가 피어오르고 그대 안에 거주하는 사람들을 먹여 살릴지니."

Ψ 두 쌍둥이 남매 신의 해산

앞에서 설명한 대로 제우스와 레토의 연애사건을 뒤늦게 알고 노발대발한 헤라 여신은 레토가 태양이 비추는 곳에서는 절대로 해산할 수 없다고 엄포를 놓는 동시에, 파이톤이라는 뱀을 보내 연적을 죽이도록 했다. 그러자 제우스는 북풍에게 레토를 멀리 데려가도록 명했다. 그리하여 북풍은 그녀를 바다의 신 포세이돈에게로 보냈다. 그러자 포세이돈은 헤라의 명을 거역하지 않는 범위 안에서 그녀를 보호했다. 포세이돈은 그녀를 오르티기아 섬으로 보낸 후에 그 섬을 파도로 감쌌다. 그래서 파이톤은 그녀를 도저히 찾을 도리가 없었다. 체념한 파이톤이 파르나스 산으로 돌아간 후에, 포세이돈은 섬을 바다의 표면 위에 내놓았다. 몇몇의 여신들이 레토의 해산광경을 지켜보았다. 레아와 테미스, 그리고 포세이돈의 처인 암피리테 등이었다. 그러나 9일이 지나도 해산을 관장하는 여신 일리티아는 모습을 나타내지 않았다. 들리는 소문에 의하면 헤라에 의해 하늘에

심부름꾼의 여신 이리스

볼모로 잡혀 있다는 것이었다. 그러자 레토의 편을 들던 여신들이 심부름꾼의 여신 이리스에게 황금색 실이 달린 목걸이를 뇌물로 바치고, 해산의 여신 이리티아를 용케 델로스로 데려오는 데 성공했다. 이리티아가 도착하자 레토는 종려나무에 손을 뻗쳐 잡은 다음 무릎을 꿇고 잔디 위에서 아르테미스를 낳고 그 다음에 아폴론을 낳았다. 이때도 반신반인의 쿠레스들이 그들의 무기로 온갖 요란한 굉음을 일으켜 헤라 여신을 겁주었다고 한다. 그러나 두 쌍둥이를 해산한 다음에도 레토의 시련은 거기에서 그치지 않았다.

ψ 리키아의 나쁜 농부들

소아시아의 리키아 지방에 다다랐을 때의 일이다. 그곳의 심술궂은 농부들이 여신이 웅덩이에서 갈증을 해소하는 것을 한사코 막았다. 레토는 사정을 했으나 아무런 소용이 없었다. 오히려 그들은 여신을 협박까지 했다. 그들은 심지어 손과 발로 웅덩이를 더럽혀 진흙탕을 만들어버렸다. 그들의 성격이 몹시 비열하고 인색한데다 웅덩이를 무척 좋아하는 꼴을 보고, 여신 레토는 물과 진흙 속에서 평생을 살도록 그들을 개구리로 만들어버렸다.

레토와 아폴론과 아르테미스 쌍둥이 남매에게 물주기를 거절하는 리키아의 농민들

ψ 쌍둥이 남매신이 어머니의 적들을 벌주다

쌍둥이 남매신인 아폴론과 아르테미스는 레토가 해산할 때 도움의 요

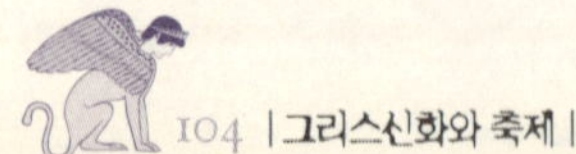

청을 거절했던 모든 이들을 벌주었다. 일설에 의하면 탄생한 지 불과 4일 만에 성인이 된 아폴론은 파르나스 산으로 가서 왕뱀 파이톤을 죽여버렸다고 한다. 또한 레토는 가이아의 아들인 티티우스의 공격을 받은 적이 있다. 일설에 의하면 헤라가 그를 보냈고, 그는 레토를 겁탈하려 했으나 쌍둥이 남매신이 그를 죽여버렸다. 또는 제우스 자신이 벼락을 내려 죽였다는 이야기도 있다. 레토를 겁탈하려 한 죄 때문에 아직도 그는 저승에서 벌을 받고 있다고 한다. 두 마리의 독수리 또는 한 마리의 뱀이, 먹혀도 달月과 함께 쑥쑥 자라는 그의 간을 매일 먹어치운다고 한다.

니오베라는 여성은 자기 자식들이 더 아름답기 때문에 레토보다 더욱 축복을 받았다고 자랑을 일삼았다. 그러자 이에 분노한 레토는 쌍둥이 남매신에게 니오베의 자식들을 모두 죽이도록 사주했다. 그리하여 아폴론은 남자형제들을, 아르테미스는 여자형제들을 모두 활로 쏘아 죽여버렸다.

Ψ 아폴론 왕뱀 파이톤을 죽이다

아폴론은 성장하자마자 즉시 가날픈 팔로 큰 화살을 거머쥐고 왕뱀을 처치하기 위해 파르나스 산으로 달려갔다. 그는 가이아의 신탁소가 있는 델포이까지 뱀을 맹렬하게 추격했다. 대담하게도 가이아의 여사제가 삼각의자 위에 앉아 있는 성지에 들어간 후 그는 기어이 뱀을 활로 쏘아 죽였다. 로버트

레토와 쌍둥이 남매신을 공격하는 왕뱀 파이돈

그레이브Robert Gaves는 이 원시신화를 고대 정치·사회적인 동요에 대한 개작改作으로 보고 있다. 그는 이것을 그리스 전기시대의 신탁소가 그리스인에 의해 점령된 사건으로 보았다. 그 목적을 성취한 아폴론은 "델포이 지역의 인심을 달래기 위해, 죽은 영웅 파이돈을 기리는 장례식 경기를 정기적으로 개최했다"고 그는 『그리스 신화』에서 기술했다. 이런 정치적 해석은 다소 억측일 수도 있다.

　　신화에 따르면 제우스는 신성한 뱀을 죽인 신성모독죄를 씻기 위해, 아폴론에게 스스로 정화의식을 하도록 명했다. 아폴론은 속죄의 의미에서 죽은 뱀 파이돈Python의 이름을 딴 피디아Pythia 경기를 열었다. 어윈 로드Erwin Rohde에 의하면 파이돈은 대지의 정령이었는데, 아폴론에 의해 죽임을 당한 후 옴팔로스에[15] 매장되었다. 이는 한 신이 다른 신의 무덤 위에 바로 자기 신전을 세우는 경우라고 한다. 델포이 신탁의 권위는 무녀 피디아Pythia의 존재에 의해 널리 알려졌다. 그녀의 이름 역시 죽은 왕뱀의 썩은 시체가 묻힌 장소 파이토Pytho를 본 따서 지은 이름이다. 옛날의 적인 왕뱀이 이제는 아폴론의 뱀이 된 것이다. 또한 델포이 신전에서 신탁을 전달하는 무녀 피디아 역시 그의 이름을 물려받았다. 신기하게도 많은 그림들이 아폴론과 우호적인 관계를 유지한 채 옴팔로스를 지키는 파이돈의 모습을 묘사하고 있다. 아폴론은 파이돈을 죽인 후 '피티오스'란 별명을 얻었다.

---

[15] 고대 그리스의 아폴론 신전에서 세계의 중심으로 여겨졌던 원추형 돌.

❊ 피디아 경기를 열다

나는 아폴론의 왕관 앞에서 진심으로 충성과 봉사를 맹세하노라. 나의 재능과 능력으로 그 왕관의 가치를 더욱 높이리니! 다양한 예술을 증진하고 뮤즈 여신의 영광을 드높이라. 내가 쓰는 이 화관은 가치가 있으리라. 자 이제 피디아 경기에 참가한다고 맹세하라.

피디아 경기는 체육경기뿐만 아니라 음악 · 시 · 극 경연도 함께 이루어졌다. 운동선수만을 우상화하는 현대사회와는 달리 고대 그리스에는 '지와 근육'의 분리가 따로 없었다. 양자 모두 완벽남(?)이 되기 위한 필수저인 자질로 보았다. 핀다로스는 시와 노래로 체육경기를 찬양하는 것을 자신의 전문직업으로 삼았다. 그래서 이러한 스포츠제전은 시인이나 음악가, 작가들에게 자기 작품을 공중에게 알릴 수 있는 최상의 기회를 제공했다. 이들의 예술적인 노고와 선전 덕분에 경기 승리자의 명성은 더 광범위하게 알려지고 유포되었다.

❦ 첫 번째 나이트클럽 연예인 뮤즈

고대 그리스 시인들의 미학은 딱딱한 논문이 아닌 '시' 속에서 구체화하여 이론가들의 진술을 앞질렀다. 그리스 신화에 의하면 시는 뮤즈 여신들의 발명품이다. 신들의 왕 제우스는 티타노마키아 전에서 승리하고 올림푸스의 시대를 열었다. 그는 전쟁에서의 승리를 기념하고, 올림푸스를 노래하기 위해 기억을 의인화한 여신인 므네모시네와 아흐레 아홉 밤을 지냈다. 폴림니스Polymnis 또는 폴림니아Polymnia는 제우스와 므네모시네 사이에서 태어난 아홉 뮤즈 가운데 하나이다. 엘레

호머의 뮤즈여신으로 알려진 칼리오페

우시스의 왕 켈레오스 또는 전쟁신 아레스의 아들인 케이마로스와의 사이에서 농업을 전파한 트립톨레모스를 낳았다고 한다. 폴림니스란 이름은 '시가詩歌가 풍부하다' 는 뜻으로서 찬가와 무악을 담당하며, 나중에는 서정시 또는 학예의 여신이라 불렸다. 피디아 제전의 '계관시인' 에게 상을 주는 것은 바로 이 여신이다. 즉 이 뮤즈 여신의 이름으로 최고시인에게 상이 주어지는 것이다. 한편 꾀꼬리처럼 아름다운 목소리의 소유자이며 서사시를 담당한 칼리오페는 호머의 뮤즈 여신으로 알려져 있다. "노래하라 여신이여, 펠레우스의 아들 아킬레스의 노여움을"이라는 문구로 호머의 『일리아드』는 시작된다. 고대 그리스인들은 뮤즈 여신들이 시인이나 작가, 또는 음악가에게 위대한 예술을 창조하는 영감의 원천을 불어넣어준다고 믿었다. 춤과 노래에 있어서 뮤즈의 우월성에 도전한 자는 시합에서 즉각 참패를 당했으며, 항상 자기 주제를 모른다는 이유로 벌을 받았다. 이것이 상반신은 여자, 하반신은 새의 모습을 하고 있는 바다괴물 세이렌들이 자신들의 날개를 잃게 된 이유이고, 건방진 피에리디스가 벌을 받은 이유이다. 승리를 거둔 뮤즈는 그들을 까치로 만들어버렸다. 뮤즈의 여신들은 그리스 중부에 있는 헬리콘 산과 파르나스 산의 성스러운 샘 주위에서 노래하고 춤을 추면서 나날을 보냈다. 그들이 일하는 시간은 짧았고 전혀 힘들지도 않았다. 다만 신들이 식사를 하는 동안 가무를 제공하면 되었다. 이렇게 해서 뮤즈들은 역사상 첫 번째 나이트클럽의 연예인이 되었던

세이렌

것이다. 이따금 시인이 서서시를 써서 뮤즈들에게 이를 낭독하게 했다. 비록 초과수당(?)은 없었지만 보통 뮤즈들은 최고의 팁을 받았다. 그들이 아름다운

춤추는 아폴론과 뮤즈 여신들

목소리와 지혜의 계발자로서 명성이 높아감에 따라 그리스 방방곡곡에서는 뮤즈들에 대한 숭배가 이루어졌다. 몇몇의 중요한 철학학파, 예를 들면 플라톤의 아카데미아와 아리스토텔레스의 리케움Lyceum 등은 뮤즈 숭배로부터 시작되었다.[16]

✤ 오르페우스

오르페우스의목

피디아 경기는 음악과 관련된 이야기들이 실로 풍부하다. 음악(music)이란 말도 델포이 신전의 여신인 뮤즈들(Muses)로부터 유래했다. 가장 많이 알려진 것이 바로 뮤즈 여신 중의 하나인 칼리오페와 트라키아 왕 오이아그로스 사이에서 태어난 아들 오르페우스 이야기다. 일설에 의하면 칼리오페와 아폴론신 사이에서 태어났다고도 한다. 그는 리누스 또는 아폴론으로부터 음악을 배웠다.[17] 아폴론신은 헤르메스가 발명한 자신의 소중한 리라 악기를 그에게 선물로 주었고, 뮤즈 여신들은 연주법을 가르쳤다. 오르페우스는 야생동물들을 매혹시켰으며, 나무와 암석들이 그의 음악소리를 따라서 자리를 움직였다고 한다. 이집트를 방문한 후 그는 아르고 원정대에 참가했다. 그의 진가는 이탈리아 남부를 지나갈 때 세이렌의 매혹적인 노래를 물리침으로써 더욱 확실히 빛났다. 당시 세이렌은 아름다운 노래로 뱃사람들을 홀려 암초에 부딪치게 하곤 했는데, 원정대는 오르페우스의 악기 연주를 듣느라 세이렌에게 홀리

16| 아리스토텔레스의 리케움은 김나지움이었다.
17| 칼리오페는 아폴론 또는 오이아그로스와 결혼하여 오르페우스와 리누스 두 아들을 낳았다고 한다.

지 않았던 것이었다. 그의 죽음에 대해서는 많은 설이 있다. 혹자는 제우스가 그가 신비한 비밀을 누설했기 때문에 벼락을 쳐서 죽였다고 한다. 어쨌든 그가 죽고 난 후에 뮤즈 여신들은 그의 시체를 모아 올림푸스 산 발치에 묻었다. 그리하여 그곳의 나이팅게일은 지상의 어떤 새들보다도 더 고혹적인 소리로 운다고 한다.

Ψ 피디아 경기와 여성

피디아 제전에서는 여성들도 남성들의 행사에 참가할 수가 있었다. 폰텐로즈Fontenrose는 그의 저서에서 운동경기에서 승리한 세 명의 자매를 기리는 동상을 언급한 적이 있다. 그는 피디아 경기뿐만 아니라 이스트미아 경기에서 우승한 트리포사Triphosa를 거론했다. 그녀와 자매인 헤데아Hedea 역시, 이스트미아 경기의 전차경주에서 당당히 승리했다(폰텐로즈, 『아폴론 숭배』, 135~136). 즉 여성들도 남성들과 마찬가지로 경기에 참가할 수 있었을뿐더러, 우승자는 자신의 동상도 세울 수가 있었다. 체육이나 종교분야에서 여성들이 자신의 존재감을 부분적으로 알렸을지라도 고대 그리스 사회는 여전히 남성지배사회였다. 그러나 몇몇 여성들은 사회가 자신들에게 허락한 기회를 잘 이용하여, 델포이의 여자체육선수든지 또는 무녀로 명성을 날렸다.

✲ 이스트미아 제전

이스트미아 제전은 이스트미아에 있는 포세이돈 신전에서 개최되었는데, 폭정을 한 킵셀로스가 죽은 후 새로운 코린트 체제를 기리기 위해 시작되었다. 올림피아와 마찬가지로 체육행사 위주였는데, 후에

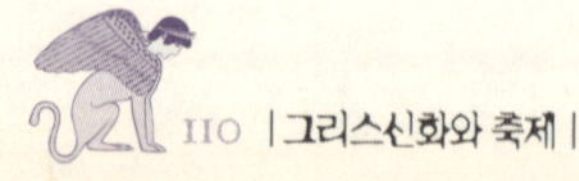

음악 및 연극경연이 추가되었다. 승자에게는 솔잎관이 주어졌고 후에 야생샐러리가 주어졌다.

❋ 이스트미아의 기원

전승에 의하면 이스트미아 제전은 코린트의 폭군 시시포스가 제정했다고 한다. 시시포스는 에피라Ephyra를[18] 건설하였는데, 이때 멜리케리테스의 시체를 발견하게 되자 성대한 장례를 치르고 매장시켜 주었다. 시시포스는 그 영혼을 기리는 행사로 이스트미아 경기를 시작했다(B.C. 1326년). 로마시대에 멜리케르테스는 종교적인 숭배를 받았다.

Ψ 멜리케르테스

멜리케르테스는 보이오티아의[19] 군주 아타마스Athamas와 카드모스의 딸인 이노Ino의 아들이었다. 이노는 제우스와 세멜레의 사이에서 태어난 디오니소스를 키웠다는 이유로 여신 헤라의 노여움을 사게 되었다. 그녀는 세멜레의 자매로서 조카뻘인 디오니소스의 대리모였다. "이노는 디오니소스의 최초의 여성이며, 신의 보모이며 신성한 디오니소스의 신녀였다." 질투심에 불탄 헤라는 복수의 여신 중에서 티시포네를 보내 아타마스와 이노를 미치

아타마스와 이노를 미치게 만드는 복수의 여신 티시포네

18| 코린트의 옛 이름
19| 아테네 서북부에 있던 고대 그리스의 한 나라.

게 만들었다. 그래서 미친 왕의 눈에 이노는 사나운 사자로 보였다. 또한 아들인 레아르케스가 사슴으로 보여 그는 활로 아들을 쏘아 죽이고 말았다. 이노 역시 제정신이 아닌 상태에서 어린 아들인 멜리케르테스를 안고 절벽으로 달려가 바다에 몸을 던지고 말았다. 두 모자가 빠진 장소는 메가라와 코린트 사이에 있는 높은 암석 밑의 망망대해였다. 이노의 할머니가 되는 아프로디테 여신이 손녀의 비극적인 죽음을 너무 가여워 했다. 이노의 어머니인 하르모니아가 아프로디테와 아레스의 딸이었다.[20]

그래서 포세이돈에게 그들 모자를 바다의 신으로 받아달라고 부탁했다. 포세이돈이 이를 허락하니, 그들 모자는 각각 레우코테이아와

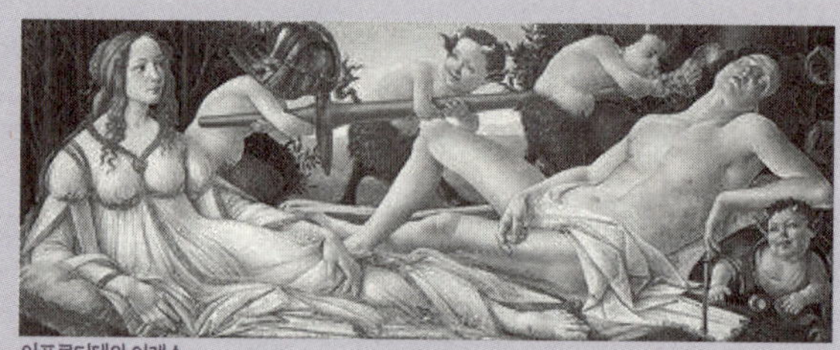

아프로디테와 아레스

전쟁의 신 아레스는 사랑의 여신 아프로디테의 연인 중의 하나였다. 여신은 깨어 있으나, 아레스는 무장을 해제한 채 깊이 잠들어 있다. 여기서는 사랑이 전쟁을 정복한다든지, 또는 사랑이 모든 것을 정복한다는 것을 암시한다. 아프로디테의 남편인 대장장이 신 헤파이스토스는 아프로디테와 아레스의 혼외정사로 태어난 하르모니아의 결혼식 때, 불행을 초래하는 '마의 목걸이'를 결혼선물로 주었다. 때문에 세멜레, 이노를 위시하여 하르모니아가 낳은 자식들은 모두 비극적인 생애를 마감했다고 한다.

---

[20] 하르모니아는 인간 카드모스와 혼인한 최초의 여신이었다.

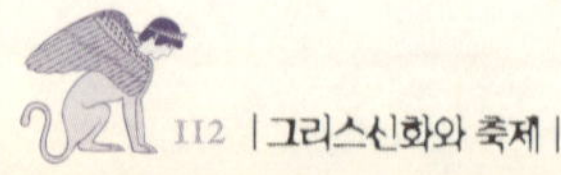

팔라에몬이라는 바다의 신이 되었다. 한편 죽은 멜리케르테스의 시체는 돌고래에 인도되어, 코린트의 이스트모스에 도착했다. 파도에 밀린 시체는 소나무 밑에 안치되었다. 그의 삼촌인 시시포스가 이를 발견하고 그를 코린트로 이송했다. 그리하여 바다의 님프인 네레이드의 주재로 그를 기리는 이스트미아 제전이 거행되었다.

바다의 님프 네레이드들

Ψ 테세우스

일설에 의하면 테세우스가 바다의 신 포세이돈을 기리기 위해 이스트미아 제전을 열었다는 이야기도 있다. 아테네의 가장 위대한 영웅 중 한 명인 테세우스는 아테네의 왕 아이게우스의 아들로 태어나 어머니 아이트라의 고향인 트로이젠에서 자랐다. 트로이젠 왕의 딸인 아이트라가 아이게우스와 결혼식을 올리던 날 밤의 일이다. 그녀는 바다를 통해서 가까운 섬까지 걸어갔고, 거기서 바다의 신 포세이돈을 만나 함께 동침하여 임신을 했다. 포세이돈의 정액 때문에 테세우스는 인간성과 신성을 동시에 가진 인간영웅이 되었다고 한다. 그의 생애는 헤라클레스와 유사한 점이 많다. 그는 멜리케르테스의 폐쇄적인 밤의 장례식 경기를 헤라클레스가 창시했다는 올림픽에 견줄 만큼 범 그리스적인 체육경기로 승격시켰다. 또한 코린트 인들과 잘

시니스를 물리치는 테세우스

협상해서 아테네 방문객들에게 '특등석' 을 제공하도록 만들었다.

예수의 탄생보다 200년 후에 집필한 파우사니아스에 따르면, 코린트의 이스트모스에서는 희생자들을 구부린 두 소나무 사이에 매어 찢어 죽임으로써 '소나무를 구부린 사람' 이라고 불리던 시니스란 악독한 자가 있었다. 그런데 테세우스는 시니스가 다른 사람들을 죽였던 것과 똑같은 방식으로 그의 사지를 두 동강이 냈다. 그런 뒤 시니스의 아름다운 딸 페리구네가 야생 아스파라고스 숲에 있는 것을 찾아내어 애인으로 삼았다.[21] 그래서 많은 사람들이 테세우스가 시니스를 물리친 것을 기념하는 의미에서 이스트미아 제전을 열었다고 믿게 되었다.

ψ 킵셀로스

또 다른 일설에 따르면 B.C. 7세기경에 코린트의 참주인 킵셀로스가 옛날의 영광을 되살려, 이스트미아 경기를 부흥시켰다고 한다. 고대에도 영리한 독재자는 스포츠의 정치적 이용가치를 충분히 인식하고 있었다고 볼 수 있다. 어쨌든 킵셀로스의 참주시대 이후부터 이스트미아 제전은 그리스 생활에서 중요한 행사로 자리매김했다.

※ 이스트미아의 역사

2년마다 열리는 이스트미아 제전은 모든 도시국가가 경기에 참가할 수 있도록 '이스트미아 헌주' 를 제단에 붓는 의식을 엄숙히 거행했다. 아무리 전쟁 중이라도 참가국의 선수들이 국경지대를 무사히 통

21| 페리구네는 테세우스의 딸 멜라니포스를 낳았는데 그녀는 후에 에우리토스의 아들 데이오네우스와 결혼했다.

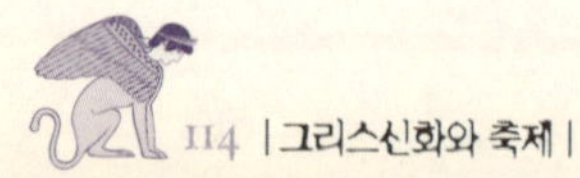

행할 수 있도록 특별조치가 이루어졌
다. B.C. 412년 아테네와 코린트는 비
록 교전 중이었지만, 아테네 선수들
은 보통 때와 마찬가지로 이스트미아
경기에 초청되었다. 경기의 모델은
올림픽 제전이며, 경보경주 · 점프 ·
투창 · 5종경기 · 판크라티온(격투
기) · 경마 · 전차경주 등이 거행되었

이스트모스

다. 5세기 이후부터 음악, 시 낭송, 그림 경연까지 추가되었다. 음악이
나 시 경연대회에는 여성들도 참가할 수 있었다. B.C. 228년(또는 229년)
에 로마인들 역시 이스트미아 경기에 참가하도록 허용되었니. B.C. 196
년에 로마 장군 티투스 플라미니누스Titus Quinctius Flamininus는[22] 이스트
미아 경기를 마케도니아의 통치로부터 그리스 국가의 자유를 선포하는
역사적인 장으로 이용했다.

　　코린트는 언제나 경기의 주최국이었다. B.C. 2세기까지 이스트
미아 제전은 코린트의 지배를 받았고 그 명성이 상당히 높았다. B.C.
146년 코린트 시가 로마인에게 패하였을 때도 경기는 계속되었다. 그
러나 로마인들에 의해 코린트시가 약탈당하자 시키온이[23] 경기의 주최
자로 바통을 이었다. B.C. 46년 시저에 의해 코린트는 다시 경기의 주최
국이 되었다. 그리하여 이스트미아 제전은 테오도시우스 황제가 이교
도의 축제란 미명으로 폐지할 때까지 그 명성을 이어갔다.

22| 로마군 사령관인 플라미니누스는 마케도니아를 격파한 후 강화를 맺고, 그리스의 독립을 인정하면서 단 한
가지 조건을 요구했다. 그것은 20년 전 칸나에 전투에서 포로가 되어 그리스 등지에 노예로 팔려 간 로마병사의
귀환이었다. 그리스 전역을 뒤져 8000명의 포로 중 생존해 있는 1200명을 찾아냈고, 플라미니누스는 20년 만
에 조국 땅을 밟는 칸나에 전투의 노병들과 함께 귀국길에 올랐다.
23| 고대 그리스의 도리스인(Doris 人)의 폴리스(도시국가). 코린트 서쪽 이웃에 있었으나 아르고스의 페이돈에
게 정복당했으리라 생각된다.

가장 유명한 선수로는 B.C. 216년 경기에 참가한 테베의 클레이토마쿠스Cleitomachus of Thebes였다. 그는 같은 날에 레슬링, 복싱, 판크라티온에 모두 승리했다.

✦ 시시포스

무한지옥 타르타로스에서 영원히 돌을 들어 올리는 시시포스

시시포스는 고대 그리스 신화상의 인물로서 '영원한 죄수의 화신'으로 현대에 이르기까지 잘 알려져 있다. 현대작품으로는 알베르 카뮈의 소설 『시시포스 신화』가 있다. 전설에 의하면 바람신 아이올로스와 에나레테의 아들, 메로페의 남편으로서 에피라(코린트)를 건설해 왕이 되었다고 한다. 이후 기록에 의하면 오디세우스의 아버지라고도 한다. 그는 코린트의 이스트모스 해안에 누워 있는 멜리케르테스의 시신을 거두고, 그의 죽음을 애도하는 이스트미아 제전을 개최한 것으로 알려져 있다.

그는 항해와 상업을 장려했으나, 욕심이 많고 교활하여 접대법을 어긴 채 많은 여객과 방랑자들을 죽였다. 호머에 의하면 그는 인간 가운데 가장 교활한 지혜의 소유자라고 한다. 그는 자기 조카를 유혹했고 형의 왕좌를 탈취했다. 또한 제우스의 비밀을 발설했다. 테살리아에 있는 강의 신 아소포스에게는 스무 명의 딸이 있었다. 그 가운데 아이기나가 유난히 아름다웠다. 제우스는 이번에는 독수리로 변하여 아이기나를 납치했다. 딸의 납치소식을 들은 아소포스는 사방으로 딸의 행방을 수소문했다. 그는 코린트를 지나다 시시포스를 만났다. 시시포스는 범상치 않은 독수리가 처녀를 안고 가까운 섬으로 날아가는 것을 우연히 목격했다. 처음에 시시포스는 제우스의 애정행각을 발설하는 것을 거부했다. 그러나 아소포스가 페이레네 샘을 주겠다고 약속하자, 그는 제우스의 비밀을 털어놓았다. 때문에 아소포스는 제우스가 딸 아이기나와 사랑을 나누고 있는 현장을 덮치나, 제우스는 벼락으로 아소포스를 쫓아버렸다. 상대가 제우스인지라 아소포스도 할 수 없이 제 터전인 강으로 돌아갔다.

코린트의 페이레네 샘

제우스는 저승의 왕 하데스에게 명해서 시시포스를 무한지옥 타르타로스에 가두도록 명

했다. 그런데 죽음의 신 타나토스가 그를 잡으러 왔을 때 시시포스는 교활하게도 어떻게 족쇄로 죽은 사람을 묶어 저승으로 데려가는지 보여 달라고 요청했다. 타나토스가 시범을 보이자, 그는 오히려 타나토스를 잡아 족쇄를 채워 한동안 아무도 죽지 않았다. 그러자 전장에서 아무리 이겨도 적들이 한 명도 죽지 않자 성이 치민 전쟁의 신 아레스가 끼어들어 타나토스를 풀어주고 시시포스를 저승으로 데려갔다. 하지만 시시포스는 죽기 전 꾀를 내어 아내에게 죽으면 제사를 지내지 말라고 일러두었다. 그래서 저승에서 제사를 받지 못하자, 하데스의 처인 페르세포네에게, 아내에게 제사를 지내도록 설득하기 위해 이승으로 다시 보내줄 것을 부탁했다. 그러나 코린트에 가

죽음의 신 타나토스

서는 저승에 돌아오기를 거부해, 나중에 헤르메스가 억지로 데려가야 했다.

그는 저승에서 벌로 큰 돌을 가파른 언덕 위로 굴려야 했다. 정상에 올리면 돌은 다시 밑으로 굴러 내려가 처음부터 다시 돌을 굴려 올리는 일을 시작해야 했다(「오디세이아」, xi. 593~600). 그가 이 벌을 받은 정확한 이유는 확실하지 않다. 혹자는 그가 신들의 비밀을 인간에게 알린 벌이라 하고, 다른 이들은 그가 여행하는 이들을 살해한 벌이라고 한다.

✳ 네메아 경기

네메아의 제우스 신전

네메아 제전은 네메아의 제우스 신전에서 개최되었다. 제전은 애초 도시국가 클리오나이가 주관했고, 후에 아르고스가 이어받았다. 체육행사 위주로 승자에게는 야생 샐러리 관이 수여되었다. 올림픽과 마찬가지로 네메아도 최고신 제우스를 기리는 경기였다.

Ψ 네메아의 사자

전승에 의하면 헤라클레스가 그의 첫 번째 과업인 네메아의 사자를 무찌른 기념으로 네메아 제전을 열었다고 한다. 이 덩치 큰 괴물은 어깨 위에 100마리의 용이 있다는 티폰과 상반신은 아름다운 여성이지만 하반신은 이름 그대로 똬리를 튼 커다란 뱀 에키드나Echidna의 자식이며,[24] 테베의 유명한 스핑크스의 형제이다. 또 다른 전설에 의하면 달의 여신 셀레네가 사자에게 젖을 먹였다는 이야기도 있고 여신 헤라가 키웠다는 이야기도 있다. 헤라클레스는 어려운 임무를 수행하기 위해 클레오나에라는 마을에 도착했다. 그는 가난한 일꾼 집에 묵었는데, 그 친절한 집주인은 안전한 사자사냥을 기원하는 의미에서 동물을 제단에 바치면 어떻겠느냐고 제의했다. 헤라클레스는 그에게 30일만 기다려달라고 요청했다. 만일 자기가 사자 가죽을 가지고 돌아오면 신들의 왕인 제우스에게 제물을 바치게 될 것이고, 만일 그가 사자를 죽이려다 되려 죽게 되면 영웅으로서 자신에게 제물을 바쳐달라고 부탁했던 것이다. 그가 네메아에 당도하여 무시무시한 사자를 추격했을 때, 아무리 화살을 날려도 강철 같은 가죽에 맞고 힘없이 튕겨져 나와 아

네메아 사자와 레슬링을 하는 헤라클레스

24| 그리스 신화에 등장하는 괴물의 대부분은 그녀의 자식들이다. 에키드나는 또한 빼앗긴 말을 되찾으려고 온 헤라클레스와도 관계를 맺어 3명의 자식을 낳았다. 그 중 하나가 스키타이 민족의 조상이 되었다고 한다. 나중에 펠로폰네소스 반도에서 가축을 습격하고 있을 때, 절대로 잠들지 않는 것으로 알려진 100개의 눈을 가진 괴물 아르고스에게 들켜 그의 곤봉에 맞아죽게 된다. 나중에 기독교에서는 에키드나를 음란한 매춘부의 상징으로 삼았다. 즉, 매력적인 미녀의 상반신에 미혹되면, 죄가 가득 찬 뱀의 하반신에 잡혀 욕망의 포로가 되어버린다는 것이다.

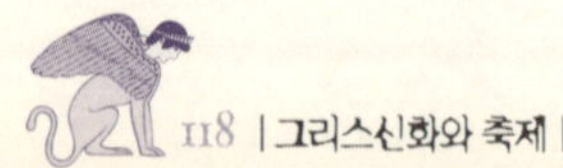

무런 소용이 없었다. 그는 다시 곤
봉을 집어 들고 사자를 쫓아갔다.
두 개의 입구가 있는 동굴로 사자
를 유인하여, 도망가지 못하게 한
쪽은 봉쇄하고 사자에게 맨손으로
달려들었다. 그는 날카로운 사자
발톱을 무시한 채 강한 팔뚝으로
사자의 목을 끝까지 조여 질식사시
켜 버렸다. 헤라클레스가 떠난 지
30일 만에 죽은 사자를 메고 돌아

네메아의 사자가죽을 뒤집
어 쓴 헤라클레스

오니 그들은 함께 제우스신에게 제물을 바칠 수가 있었다. 또 다른 일
설에 의하면 한 소년의 죽음을 기리는 장례식 경기에서 네메아 경기가
유래했다고 하나, 그것은 오직 B.C. 6세기경부터 알려진 일이다. 네메
아 경기는 올림픽과 거의 동일하며, 나중에 체육경기에 음악경연이 추
가되었다. 신탁의 주문에 의해 죽음을 당한 소년을 애도하는 의미에서,
경기의 중재자는 검은 옷을 입었다고 한다. 또한 승리자 역시 소년을
기리는 의미에서 아르고스 시에서 자란 샐러리 관을 썼다.

03

고대 아테네 축제

고대 아테네 축제로 여행을 떠나보자. 고대 그리스 달의 이름은 아래와 같다. 가령 아테네력의 첫 번째 달인 '헤카톰바이온의 달(7월)'에는 크로니아(12일), 시노이키아(16일), 판아테나이아(28일) 축제가 있다. 코로니아Kornia 축제는 농경의 신 크로노스를 기리는 일종의 추수감사제이다. 시노이키아Synoikia는 아테네의 수호신인 아테나 여신과 영웅 테세우스가 아테네를 통합한 날을 기리는 축제이다. 판아테나이아 Panathenaia제는 노래와 춤, 음악경연, 횃불을 들고 달리는 운동경기 등 다양한 문화콘텐츠를 자랑하는 4일간 축제이다.[25] 아테네인들은 행진을 위해 아크로폴리스 광장의 발치에 모여든다. 행렬의 선두에는 아테네 여신에게 바치는 페플로스가 있다.[26] 행렬의

헬멧을 쓴 아테나 여신

---

[25] 아테네 여신의 대제전이라는 뜻이다. 오늘날의 7, 8월에 해당하는 아테네력(曆) 제1월에 수호신 아테네 여신을 기념하여 열리는 고대 그리스 아테네의 최대제전이었다.

[26] 페플로스는 고대 그리스 여성들이 어깨에 걸쳐 입던 주름 잡힌 긴 상의이다.

목적지는 아크로폴리스의 꼭대기에 있는 아테나 여신의 고대 상이다.

𝛙 고대 그리스 달의 이름(아테네)

1. 일월 – 가멜리온Gamelion
2. 이월 – 안테스테리온Anthesterion
3. 삼월 – 엘라페볼리온Elaphebolion
4. 사월 – 모우니키온Mounichion
5. 오월 – 타르겔리온Thargelion
6. 유월 – 스키로포리온Skirophorion
7. 칠월 – 헤카톰바이온Hekatombaion
8. 팔월 – 메타게이트니온Metageitnion
9. 구월 – 보에드로미온Boedromion
10. 시월 – 피아놉시온Pyanopsion
11. 십일월 – 마이마크테리온Maimakterion
12. 십이월 – 포세이데온Poseideon

✳ 안테스테리아

디오니소스에게 신성한 덩굴식물, 비밀주신제(orgy) 때 주연의 참석자들은 이 덩굴로 만든 화관을 쓴다

안테스테리아Anthesteria는 디오니소스를 기리는 '꽃의 축제'를 의미한다. "바쿠스(디오니소스의 로마명)는 꽃을 좋아 한다"고 시인 오비디우스

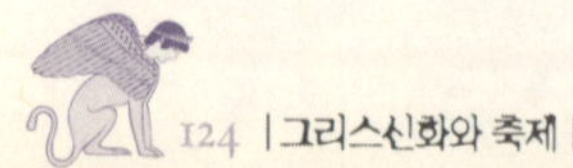

는 읊조린 바 있다. 그래서 꽃들은 봄에 새 단장을 하고 설레는 마음으로 주신의 도착을 알린다.

❋ 비운의 세멜레

테베시의 건설자인 카드모스는 죽어야 하는 운명을 타고난 인간의 몸으로 여신인 하르모니아와 결혼했다. 인간이 여신과 결혼한 것은 이것이 처음이었다. 이들 사이에서 눈부시게 아름다운 처녀 세멜레가 태어났다. 이러한 미모가 제우스의 눈을 벗어날 리가 없었다. 세멜레는 제우스를 섬기는 여사제가 되었다. 그녀가 제우스의 제단에서 섬섬옥수로 숫소를 도살할 때의 일이다. 제우스는 범상치 않은 그녀를 눈여겨보았다. 제사를 마친 후에 세멜레는 흠뻑 젖은 피를 씻어내기 위해 아소푸스Asopus강을 유유히 헤엄쳤다. 그때 제우스는 독수리로 변장한 채 그 근처를 날아다녔다. 기회를 노리던 제우스는 어느 날 밤에 세멜레의 방으로 숨어들어 자신이 제우스임을 밝히고 처녀의 싱싱한 육체를 마음껏 즐겼다. 세멜레가 어느덧 임신을 했을 무렵, 이 사실을 알게 된 제우스의 아내 헤라가 복수의 칼을 갈았다. 늙은 노파의 모습으로 나타난 헤라는 곧 세멜레의 신임을 얻어 막역한 친구 사이가 되었다. 아무것도 모르는 세멜레는 자기 남편이 제우스라는 사실을 헤라에게 털어놓았다. 그러자 헤라는 도저히 믿지 못하겠다고 잡아떼면서, 세멜레의 마음속에 의심의 씨앗을 뿌렸다. 그래서 걷잡을 수 없는 호기심이 발동한 세멜레는 제우스에게 부

세멜레(수채화 작품)

천둥과 번개를 대동하고 나
타난 제우스신을 맞이하는
세멜레의 마지막 모습

불탄 세멜레의 몸 속에서 디
오니소스를 꺼내는 제우스

디 신의 영광스런 모습으로 나타
나달라고 부탁했다. 제우스는 제
발 그 청을 거두어달라고 간청했
다. 그러나 그녀는 끝내 고집을
부렸고, 제우스는 마침내 동의했
다. 그러나 인간이었던 세멜레는
죽지 않고서는 불사의 신을 결코
똑바로 쳐다볼 수가 없었다. 천둥
과 번개를 대동하고 나타난 제우
스를 맞이하는 순간, 그녀는 화염
의 불길 속으로 사라졌다. 제우스
는 위기절명의 순간에 태아의 목
숨을 구하여 그의 허벅지 속에 넣
고 이를 꿰 맸다. 그 후 몇 달이
지나서 디오니소스가 탄생했다.
이처럼 출생에 얽힌 기구한 사연
때문에 그는 "두 번 출생한 자"라
는 별명을 얻게 되었다.

이것이 당신 와인의 놀라운 효과라오. 왜냐하면 와인은 제정신
이 아닌 물건이기 때문이오. 그것은 가장 현명한 인간을 마치 소녀처럼
노래하고 킬킬거리며 웃게 만든다오. 그것은 인간을 춤추게 유혹하고,
말하지 않는 편이 좋을 것도 부지중에 떠들게 한다오.

－호머의 『오디세이』 중에서－

제우스는 헤라가 눈치 채지 못하도록 헤르메스를 시켜 디오니소스를 아시아의 뉘사 산 님프들에게 맡겨 키우게 했다. 헤르메스는 헤라의 눈을 피하기 위해, 아기 디오니소스를 어린 양으로 변장시켰다. 그래서 그는 새끼 양으로 변신한 채 숲을 어머니의 품처럼 여기며 성장해야 했다. 어른들의 불장난(?)이 한 아이의 정신을 불안한 상태

디오니소스

로 만든 것이 다름없다. 디오니소스는 후에 자라 포도의 재배법과 과즙을 짜내는 법을 발견했다. 그러나 헤라는 디오니소스를 미치광이로 만들어 추방했다. 그는 지상의 여러 나라를 정처 없이 떠돌아다니는 쓸쓸한 방랑객이 되었다. 하지만 헤라의 응징은 끝나지 않았으며, 계속 디오니소스에게 저주를 내려 미치게 만들었다. 디오니소스는 이곳저곳 방황하다가 소아시아 프리기아 지방에 이르렀을 때, 제우스의 어머니인 레아로부터 치료를 받고 가까스로 정상으로 돌아왔다.

디오니소스는 이때부터 신성을 지니게 됐고 디오니소스라는 종교의식도 행할 수 있었다. 광기에서 치유된 디오니소스는 시리아를 거쳐 인도까지 여행하면서 포도 재배법과 더불어 와인 담그는 법을 가르치면서 자신에 대한 신앙을 전파했다. 그 반응은 처음에는 신통치 않았으나, 그리스로 돌아오면서 점차 열기가 높아졌다. 배부른 곡식도 아니고, 맛있는 고기도 아닌 과일발효음료가 사람들에게 포만감과는 전혀 다른 묘한 쾌감을 안겨주었기 때문이다. 기분 좋은 일이 없는 데도 발

광신적인 여신도 마이나데스

효음료, 즉 술을 마시면 기분이 좋아지다니! 참으로 놀라운 일이 아닐 수 없었다.

"나는 인간들을 위해 달콤한 넥타르(신들의 음료)를 짜내는 디오니소스요."(베토벤의 『제7교향곡』중에서) "디오니소스! 디오니소스!" 자기를 따르는 무리가 많아지자 디오니소스는 덩굴무늬가 장식된 막대기 튀르소스Thyrsos를 자기 상징으로 삼으며 신으로서 한층 기세를 올렸다. 이제 그의 곁에는 님프와 판(목축의 신), 사티로스(산과 들의 정령), 그리고 광신적 여신도들 마이나데스가 항상 있었다. 많은 여자들이 신분과 성 차별을 잊게 만드는 술의 힘에 크게 만족하여 디오니소스를 열광적으로 숭배했다.

디오니소스는 낙소스 섬에서 테세우스가 버린 갈색머리의 아리아드네를 만나 사랑을 느껴 결혼했다. 제우스는 인간여성과 결혼하는 디오니소스를 위해 그녀를 영원히 죽지 않고 늙지 않도록 해주었다고 한다. 둘의 사랑에는 동병상련의 애련함이 있었기에 금실이 깊어 아들 셋을 낳았다. 자식을 본 뒤 디오니소스는 어머니를 다시 보고 싶어 지하세계로 찾아갔다. 그리고는 술의 힘으로 저승의 왕 하데스를 취하게 만든 다음 어머니를 지상세계로 데리고 나왔다. 세멜레는 제우스에 의해 여신으로 승격되어 티오네Thyone라는 새 이름을 얻었고 아들 디오니소스를

디오니소스와 아리아드네

연상시키는 '광기'를 다스리는 올림포스 산의 여신이 되었다. 디오니소스는 이렇게 신이 되었다.

안테스테리아는 세멜레의 아들 디오니소스를 기리는 아테네 4대 축제 중의 하나이다. 해마다 안테스테리온의 달2, 3월에 3일 간 열렸다. 축제의 중심은 와인의 숙성과 봄의 시작을 축하하는 것이다. 이 축제는 B.C. 1500년부터 500년까지 이어졌으므로 무려 2000년 동안이나 장수한 셈이다.

❋ 첫 번째 날: 와인단지를 여는 피토이기아

자, 오늘은 흙으로 만든 입 큰 힝아리 피도스phitos를 여는 날이다. 그 단지는 땅 속에 반쯤 묻혀 있다. 그 안에서는 제우스가 자신의 허벅지 속에 6개월째 되는 태아 디오니소스를 넣고 꿰맨 그 때부터, 계속 향기로운 와인이 발효되고 있는 중이다. 그래서 이 날은 피토이기아 Pithoigia, 즉 피토이(피토스의 복수형)를 꺼내는 축제의 날이다.

바로 이때 온 세상도 봄의 정기를 받아서 기지개를 켜고 일어난다. "서글픈 저승세계의 신들의 문이 열리듯이 세상이 열리면, 우리는 저승세계에 제물을 바친다. 그러면 그 대가로 최상의 선물을 받는다." 열린 피토이로부터 나오는 불멸의 와인 향기는 목마른 자와 죽은 자를 매료시킨다. 그들은 와인 냄새를 맡고 목을 축이러 온다. 거세된 신처럼 그들과 함께 땅 속에서 은신하던 디오니소스도 함께 온다. 그는 저승세계로부터 다시 태어나는 것이다.

이 날은 신의 공현절이다. '촉촉한 습

피토스. 고대 그리스인이 술·곡물 따위의 보존이나, 죽은 사람의 매장 따위에 썼다는 항아리다

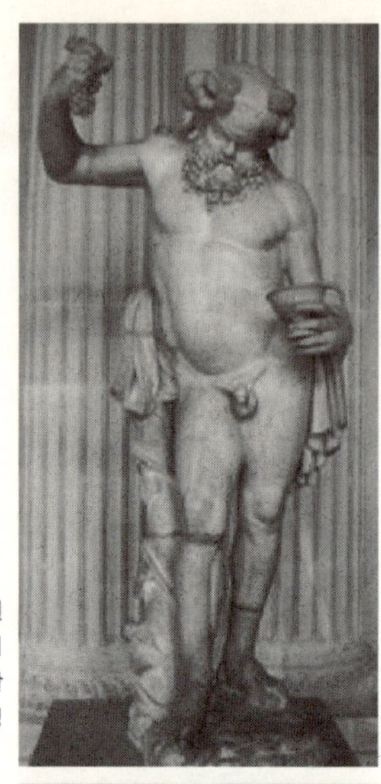

디오니소스의 종자인 반인
반마의 실레노스. 얼핏 보기
에는 사람처럼 보이지만 말
의 귀와 꼬리, 뒷다리와 엉
덩이를 지니고 있다.

발기한 남성으로 와인 잔을
받치고 앉아있는 사티로스.
실레노스와 마찬가지로 디
오니소스의 종자이며 반인
반수인데, 말이 아니라 염소
꼬리를 지니고 있다

디오니소스 신의 배 마차 행렬

기를 머금은 자연의 주主’ 디오니소스가 늪
지역에 있는 가장 오래 된 자기 신전을 찾
아올 때, 커다란 배 모형의 마차행렬이 따
른다. 신이 난 실레노스나 사티로스들이
덩실덩실 춤을 추며 이 4륜마차를 끈다. 그
안에는 장엄한 이미지의 디오니소스 신이
엄숙하게 앉아 있다. 그 주변을 실레노스
와 사티로스들이 흥겹게 돌면서 피리를 불
거나 열광적인 주신 찬가를 부른다. 혹자
는 카니발Carnival 축제의 이름이 이 배 모형 마차의 이름인 카루스 나발
리스Carrus Navalis에서 유래했다고 주장한다. 간혹 힘센 노새들이 배 마
차를 끌기도 하는데, 신이 직접 노새를 타고 오기도 한다. 활발하고 호
색적이며 정력과 생기가 넘치는 노새는 디오니소스가 사랑하는 동물
중의 하나이다.

※ 두 번째 날: 누구나 취하는 코에스의 날

자 이제는 일출을 기다리기 위해 침대로 갈 시간이다. 와인의 열

락에 빠져 보내게 될 다음날을 위하여! 해
가 떨어지고 다음날 동이 트면, 새 와인이
디오니소스 신전에 도착한다. 그러면 신
이 가르쳐 준대로 사람들은 와인을 물과
함께 섞는다. 우선 먼저 신에게 새로운 와
인을 봉헌한다. 제단 위에 선명한 핏빛 와
인을 쏟아 부으며 이렇게 낭송한다.

쿠트로이

　　“디오니소스 신이여! 잘 들으시오. 와인이란 고귀한 선물을 준
그대에게 우리는 심심한 감사를 바친다오. 자 당신이 가르쳐 준대로 우
리는 와인에 물을 섞는다오. 이 강력한 취기의 힘이 지금이나 미래에도
영원히 우리에게 유익하도록 기도한다오.”

　　그리고 나서 사람들은 신의 기적의 선물인 새로운 와인을 음미
한다. 참고로 3일간 이어지는 축제의 첫 번째 날은 ‘통 내지 항아리’를
의미하는 피토스, 두 번째 날은 ‘피처’를 의미하는 코에스Khoes,[27] 세
번째 날은 역시 ‘항아리’를 의미하는 쿠트로이Khutroi 축제가 열린다. 모
두 와인을 담는 그리스 용기의 명칭과 밀접한 연관이 있다. 두 번째 날
은 사람들이 물 탄 와인을 고주망태가 되도록 마시는 날이다. 늪에 와
인을 부으며 축복을 기원하는 의식으로 코에스의 하루가 시작된다. 와
인마시기 경연대회도 열린다.

Ψ 사자들의 축제

축제기간 중에 사회질서는 일시적으로 중단되거나 도치된다. 고

27| 물·음료 따위를 담는 주전자.

대 식의 가족단합을 위해 노예들도 함께 참가할 수 있다. 안테스테리아는 '사자들의 축제'이기도 하다. 고대 그리스인들은 이 축제기간 중에 죽은 자의 영혼이 도시를 마음대로 배회한다고 믿었다. 안테스테리아는 나쁜 영혼들을 집밖으로 내쫓는 로마축제 레미레스Lemures와도 유사하며, '모든 영혼들의 밤'이나 카니발 축제에도 비유될 수 있다. '죽은 자의 영혼', '아티카의 원주민'

밤의 여신 닉스(Nyx)

을 상징하는 케레스Keres나 카리아인들이[28] 초대를 받았다가, 축제가 끝나면 도시에서 추방된다. 케레스는 '죽음의 여자정령' 또는 '악의 원천'을 의미한다. 헤시오도스에 의하면 케레스는 밤의 여신 닉스의 딸들이다.

디오니소스가 모든 역경을 이겨냈듯이, 안테스테리아 역시 기쁨과 슬픔, 생과 사의 개념을 모두 아우르고 있다. 그래서 안테스테리아는 기쁨과 환희의 제식인 동시에 어둠의 세력이나 다른 악마들이 자유롭게 배회하는 초자연적인 날, 즉 오염된 날miara hêmera이다. 그래서 사람들은 액땜으로 갈매나무rhamnus 잎을 씹고, '그들'을 쫓아내기 위해 문에 원유·콜타르 따위를 증류하고 난 뒤 남는 검은 찌꺼기인 피치를 바른다. 어둠의 세력들을 바깥으로 내몰기 위해 신전의 문도 굳게 잠겨져 있고, 오늘은 아무도 맹세를 하지 않는다.

오늘은 디오니소스의 가장 오래 된 신전인 림바이온Limbaion의 문이 열리는 유일한 날이다. 왜냐하면 안테스테리아는 산자와 죽은 자

의 경계를 여는 날이기 때문이
다. 1년내내 굳게 잠겨있던 림
바이온의 문이 열리는 대신에,
다른 지성소의 문들은 모두 닫
힌다. 죽음의 겨울이 끝나는 2
월 말에 생명의 시작을 알리는

잠의 신 힙노스와 죽음의 신
타나토스 형제

봄꽃들의 축제 안테스테리아는 '사랑과 죽음', 즉 에로스와 타나토스
를 동시에 생각나게 한다. 실제로 이날에 벌어지는 '저승으로의 여행'
은 자극적·관능적인 성애의 모험을 방불케 한다. 이들과 어둠의 세력
들이 거리에 함께 몰려든다. 왜냐하면 죽은 자든 산 자든 오늘은 누구
나 축제에서 환영받기 때문이다. 마차에 탄 홍청기리는 사람들은 건전
치 못한 오명을 추방하기 위해 노래를 부른다. 또한 그들이 지나갈 때,
군중들에게 욕설을 퍼붓는다. 그러면 사람들 역시 즐겁게 화답한다. 이
러한 방식으로 사람들은 긴장을 풀고 원기왕성한 삶에 희열을 느끼는
것이다. 웃음이나 폭소는 인생의 무기력이라는 적을 날려버리는 것이
다.

Ψ 바실리나(왕비)

바실리나Basilinna는 반드시 순결한 처녀이어야만 한다. 만약 그
녀가 남편인 바실레우스Basileus와 혼인할 때 처녀성을 잃었다면, 그녀
는 신의 신부가 될 자격이 없다. 바실레우스는 '종교적인 왕'을 의미하
는데, 원래 어원은 대장장이 동업조합의 우두머리에서 유래했다. 바실
레우스는 각기 7명의 기혼여성들로 이루어진 2조의 게라이라이Gerairai
를 선발한다. 이 14명의 현숙한 여성들은 축제의 여왕 바실리나를 시중

들게 된다. 게라이라이들은 신전 앞에 세워진 경외심을 불러일으키는
신의 마스크 앞에서, 바실리나가 와인에 물을 타는 것을 거든다. 여사
제들은 줄 서 있는 사람들이 각자 들고 있는 코에스 안에 물탄 와인을
가득 채워준다. 그 사이 사람들은 저승으로부터 신을 불러낸다.

Ψ 아이들의 축제

가장 오래 되고 가장 인기 있는 축제 안테스테리아를 주관하는 주신 디오니소스

안테스테리아는
어린이를 위한 축제이기
도 하다. 세 살배기 어린
아이도 그들의 씨족phratriai
에 가입을 한다. 어린 소
년은 그의 첫 번째 코에스
를 선물로 받는다. 심지어 꼬마들조차도 아이그림이 그려진 작은 용량
의 코에스를 들고 마신다. 아이의 첫 번째 코에스는 출생-코에스-사춘
기-결혼에 이르기까지 일생의 중요한 이정표를 나타낸다. 사내 또는
계집아이는 꽃으로 만든 화관을 쓰며, 코에스를 받는 동시에 장난감이
나 애완동물 등 다른 선물도 푸짐하게 받는다. 선생님은 어린 학생들을
리셉션에 초대한다. 이 축제가 특별한 이유는 '만인의 축제' 라는 점이
다. 신의 축복인 와인을 매개로 남녀노소, 왕에서 노예에 이르기까지
사회 전 계층이 참가한다는 데 커다란 의의가 있다. 즉 신성한 아이(디오
니소스)가 죽을 운명의 아이들에게 공경을 받는 것이다. 그래서 사람들
은 이날 새로운 새싹을 기념한다.

Ψ 침묵의 와인 경연대회

안테스테리아는 와인 앞에 혼연일체가 되는 평등지향적인 축제이며, 여성과 아이들, 죽은 자들을 위한 축제이다. 그러나 이날 디오니소스의 사제들은 바실레우스가 주관하는 이상한 주연대회에 유명 인사들을 특별히 초대한다. 물론 마시는 경연대회는 디오니소스 제식행위의 일종이다. 초대받은 인사들은 각기 테이블에 떨어져 앉는다. 그러나 아무도 얘기를 주고받지 않는다. 덩굴무늬가 장식된 막대기 튀르소스의 이파리 속에 숨겨진 디오니소스의 트럼펫의 요란한 연주소리를 시작으로, 사람들은 일제히 코에스를 비우기 시작한다. 모든 사람이 축제의 신으로 장식된 아주 특별하게 주문 제작된 사이스의 코에스를 들이킨다.[29] 거대한 코에스를 남김없이 비울 때마다 트럼펫이 장중하게 울리는 소리를 들을 수 있다. 각 코에스에는 3.25ℓ 의 와인이 담겨져 있다. 바실레우스가 제일 먼저 코에스를 비웠다고 판단하는 자가 승리를 차지하게 된다. 그러나 여느 때 파티와는 달리 사람들은 자신의 와인과 음식을 가져간다. 그러면 파티의 주최자는 화환과 향수, 디저트만을 손님들에게 제공한다. 활기 찬 대화와 사상을 공유하는 주연파티인 심포지엄과는 달리, 오직 고요한 정적만이 자리한다. 그리스 비극의 주인공 오레스테스가 아버지 아가멤논을 살해한 어머니를 죽이고 근친 살해죄의 오염Miasma을 정화시키듯, 초

오레스테스의 후회.네스트라와 그 정부 아이기스토스에게 아버지 아가멤논이 살해되자 왕자 오레스테스가 아버지의 원수를 갚은 후 죄책감에 고통스러워하는 장면

---

[29] 이 용기는 축제를 위해 열리는 장에서 살 수 있다.

대받은 손님들은 각자 다른 코에스를 사용한다. 그것은 오염이 전파되는 것을 방지하기 위함이다. 그래서 모든 사람이 침묵과 고립 속에서 묵묵히 와인을 마시는 것이다. 또한 오레스테스가 신성한 장소를 모독하지 않도록 모든 신전의 문을 굳게 걸어 잠근다. 또한 여기에 참가한 사람들은 와인을 선물로 준 고마운 신을 죽였다는 죄책감을 느낀다.

우리들의 조상인 거인족들은 아이(디오니소스)를 죽이고, 그의 몸을 7동강냈노라. 이제 우리는 포도를 자르고 포도과일을 으깨며, 그 과육으로부터 짜낸 주홍색 생명의 피를 마시노라!

✤ 디오니소스의 부활

천상의 세계를 공격할 준비를 하는 거인신들

고대 문헌은 트라키아 지방과 주신 디오니소스의 탄생을 서로 연결짓는다. 헤시오도스는 이 신을 트라키아 판테온의 구성원으로 간주했다. 이 설에 따르면 디오니소스는 제우스와 (세멜레가 아닌) 페르세포네의 아들이었다. 제우스는 뱀으로 변신하여 (누이인 데메테르 여신 사이에서 낳은) 자기 친딸인 페르세포네를 유혹했다고 전한다. 제우스는 본처인 헤라의 분노를 피하기 위해 아이를 몰래 숨겼다. 그런데 거인 신들이 꼬마를 장난감으로 유혹해서 납치한 다음 몸을 7동강 냈다. 그리고 나서 거인들은 아이를 구워 요리했다. 그런데 그들은 공물을 바치는 전례를 어기는 실수를 범했다. 분노한 제우스는 그들을 벼락으로 쳐서 죽여버렸다. 오직 어린 디오니소스의 심장만이 남았는데, 제우스는 다시 생명을 불어넣기 위해 그것을 자신의 허벅지에 넣고 꿰맸다.

올림푸스 신들은 거인 신들과 교전한 후에 남은 재로부터 인간을 만들었다. 때문에 인간의 정맥 속에는 디오니소스의 피가 흐르는 동시에 신성모독인 거인들의 살점도 갖고 있다. 고대 그리스인들은 와인을 마실 때 디오니소스가 그들에게로 온다고 믿었다. 와인 자체가 바로 신 자신이라고 믿었다. 거인 신들에 의해 무자비하게 죽임을 당했지만, 신이 와인 속에 다시 부활했다고 믿는 것이다.

디오니소스가 소아시아로부터 디오니소스의 신녀들인 마이나데스 '군단' 들과 함께 유럽에 왔을 때 신은 트라키아 지방의 왕을 만나 동맹을 맺었다. 그러나 트라키아 왕은 비겁하게도 디오니소스가 잠들었을 때 그를 공격했고, 신의 종자들을 많이 죽였다. 그는 신의 유모까지 공격하는 대담성을 보였다. 그러자 디오니소스는 왕의 마음 속에 광기를 심어주었다. 그리하여 미쳐버린 트라키아 왕은 포도나무를 자른다고 생각하면서, 스스로 거세를 해버렸다. 이러한 연유 때문에 불가리아 지방의 와인축제에서 성인 트리폰Trifon은 (거세의 완곡어법으로) 코를 자르는 의식을 행 한다. 폭군을 제거한 후 디오니소스는 새로운 트라키아 왕조를 건설했다. 음악의 신 오르페우스는 이 계보의 3대 후손이라 전한다.

이 침묵경연대회의 우승자는 와인이 가득 담긴 가죽부대를 선물로 받는다. 그러나 도시 전역에서 비공식적인 깅인내회도 많이 열렸다. 이 경우 우승자들은 케이크나 머리에 화환을 선물로 받았다. 오늘은 누구나 와인을 마신다. 각 대회의 라운드마다 트럼펫주자가 신나는 팡파레로 경기의 시작을 알린다.

Ψ 디오니소스 찬가

아고라(시민광장, 시장) 앞의 12개 신상 앞에 서서 합창단이 디오니소스 찬가를 부른다. 그것은 오랜 잠복기와 시련 끝에 탄생한 신성한 아이의 생일을 축하하는 노래이다. 여섯 명의 남성들이 긴 소매에 장식이 달린 긴 튜닉(키톤) 위에 토가(히마티온)를 걸치고 이마에는 화환을 드리우고 있다. 그들은 합창단의 리

고대 아테네의 아고라

남성의 겉옷 히마티온

더이다. 그들 뒤에는 각각 네 명의 가수들이 따른다. 그 중 두 명은 어린 아이비 덩굴가지를 들고 있다. 또한 갈대로 만든 관악기인 더블-아울로스의[30] 연주자들이 수행한다. 그들은 디오니소스의 기둥 주변에 선다. 이 기둥은 아이비 덩굴이 감겨진 삼각의자 위에 세워져 있으며, 가는 창의 손잡이처럼 생겼는데 인간보다 크다. 이 기둥은 지구의 중심인 배꼽에서 자라는 생명의 나무이다. 그것은 '저승의 주主'로서의 신의 위용을 보여주는 것이다. 왜냐하면 안테스테리아 축제가 끝나면 신은 다른 어둠의 세력들과 함께 저승으로 귀환하기 때문이다. 그는 오직 이러한 형태로만 사람들 앞에 나타난다. 이렇게 죽음이 땅속으로 내려가면 새로운 생명이 태어난다.

Ψ 그네타기 축제

코에스의 날에 사람들은 '그네타기 축제Aiôra'를 연다. 왜냐하면 이 날은 아버지를 찾아 정처 없이 방황하던 에리고네가 드디어 아버지 무덤을 찾은 날이기 때문이다. 꽃다운 처녀들은 "방황하는 사람Alêtis"이란 노래를 합창한다.

에리고네는 새벽에 태어났다는 의미가 담겨 있다. 그녀는 또한 '알레티스Alêtis'라고 하는데, 그것은 에리고네가 달의 여신처럼 개 마이라를 데리고 아버지를 찾아서 각지를 방랑했기 때문이다. 에리고네

30| 아울로스는 고대 그리스의 관악기로서, 복관(複管)과 오보에 속(屬)의 리드가 있다.

에리고네

에리고네는 이카루스의 딸이다. 이카루스는 매우 가난했지만 경건한 신앙심과 정의감이 넘치는 농부였다. 그는 익명의 나그네로 찾아온 주신 디오니소스를 지극정성으로 접대한 일이 있다. 이 겸손한 농부의 친절에 보답하는 의미에서 디오니소스는 그때까지 인류에게 알려진 적이 없었던 와인을 선물로 주었다. 에리고네는 신이 권하는 대로 아버지에게 자꾸만 와인을 따라주었다. 이카루스가 경이로운 음료에 흠뻑 취한 사이, 디오니소스는 아리따운 처녀 에리고네를 유혹했다. 일설에 의하면 그녀는 후일 스타필루스Staphylus란 신의 아들을 낳았다. 그 이름은 '포도송이'라는 의미가 담겨 있다. 각설하고, 신은 이카루스에게 와인이란 진귀한 보배를 인류에게 전파시킬 것을 명했다. 그는 이 명령에 순종하여 마차에 와인가죽단지를 싣고 각지를 여행했다. 어느 날 밤 이카루스는 양치기들과 함께 와인을 마셨다. 양치기 중의 몇몇은 곧 깊은 잠에 빠져 들었다. 그런데 술에 만취한 나머지 사람들은 생전 보지도 듣지도 못한 음료를 권한 이카루스가 양을 훔치기 위해 음료 속에 독을 넣었다고 의심하기 시작했다. 죄 없는 농부를 에워싼 그들은 낫과 도끼, 삽, 무거운 돌을 들고 그를 사정없이 내려치기 시작했다. 그들은 요리구덩이에서 쇠꼬챙이를 꺼내 마지막 일격을 가하는 것으로 극악한 행동을 마무리했다. 에리고네는 아버지가 기르던 개 마에라Maera를 대동하고, 아버지의 행방을 찾아서 온 땅을 헤맸다. 그러던 어느 날 이 사냥개는 나무 밑의 우물로 에리고네를 인도했다. 그 장소는 바로 양치기들이 이카루스의 시체를 집어던진 곳이었다. 신실한 딸은 아버지의 시체를 매장한 다음 나무 위로 기어 올라갔다. 그 나무는 온 지상에 펼쳐진 우주의 나무였다. 그녀는 그곳에서 결국 목을 매달아 자살하고 말았다. 사냥개 마에라는 한사코 그 장소를 떠나지 않았다. 그리고 굶어죽을 때까지 계속 그 자리를

31| 시리우스(Sirius)는 밤하늘에서 가장 밝은 별로, 천랑성(天狼星)이라고도 한다. 큰개자리의 알파별로 겨울철 대삼각형의 꼭지점이다.

32| 서양에서도 7,8월의 무더운 날을 복날(dog days)라고 한다. 그러나 우리나라처럼 복날에 보신탕을 먹는 것은 절대로 아니다.

의 아버지 이카루스는 디오니소스의 탄생지로부터 와인의 선물을 가져왔다. 디오니소스는 이카루스에게 직접 포도재배법을 가르쳤다. 그는 와인전파라는 위대한 사명을 완수하기 위해, 와인가죽부대가 잔뜩 실린 마차에 마소를 매고 운전하여 각지를 돌아다녔다. 그런데 그는 불행하게도 만취한 인사불성의 양치기들에 의해 살해당하고 말았다. 영특하게도 개 마이라가 주인이 매장된 장소를 용케 찾아내어, 딸 에리고네를 그리로 인도했다. 아버지의 죽음 앞에서 망연자실한 에리고네가 그만 목을 매어 자살을 하고 말았다. 그러자 그 주변에 포도나무가 자라기 시작했고, 궁극적으로 그녀의 사랑이 실현되었다고 한다.

이 세 명은 죽은 후에 하늘로 올라가서 밤하늘을 수놓는 별자리가 되었다. 이카루스는 '목동자리' 가 되었고, 에리고네는 '처녀자리', 그리고 개 마이라는 '작은 천랑성' 이 되었다. 또는 시리우스가 되었다는 이야기도 있다. 왜냐하면 7월 19일 황혼녘에 떠오르는 첫 번째 시리우스는 신년, 아폴론 신이 델포이 신전에 도착하는 날, 또 추수기의 시작을 동시에 알려주기 때문이다. 와인추수는 9월의 시작과 더불어 49일 동안 이루어진다. 즉 디오니소스가 번개에 맞아 새까맣게 불타버린 세멜레의 자궁으로부터 위기일발의 순간에 꺼내진 시기이다. 즉 디오니소스 자신이 한여름의 순수한 빛(백색광)인 셈이다. 때문에 작은 개 자리는 '와인의 길'을 표시해준다. 또한 디오니소스는 숨 막히는 복날의 더위를 한여름의 백색광으로 바꾸어준다. 거기서 탐스런 포도송이 열매가 주렁주렁 열리는 것이다. 그는 포도나무라는 귀중한 보배의 영원한 지킴이라고 할 수 있다. 때문에 신성한 아이가 저승에서 탄생하는 포도 수확철인 대 엘레우시스 제전(9월 29일~10월 5일) 때, 디오니소스의 이름을 주문처럼 외는 것이다. 혹자는 디오니소스가 이카루스와 에리고네, 개 마이라를 별자리로 만들었다고 주장하나, 실제 이카루스와 에리고네는 방랑하는 이방인으로 변장한 이아쿠스Iacchus, 즉 디오니소스 신 자신과 그의 아내 아리아드네이다. 포두나무는 무자비하게 도륙당한 신의 몸에서 자란 것이고, 신비한 영생의 포도나무 속에서 신은 다시 태어난 것이다. 그리고 충실한 개는 나무가 자란 곳에 한 줄기 광명을 비추어준다. 그래서 이날 소년과 소녀들은 에리고네처럼 자기들의 집 근처에 있는 나무 사이를 이리저리 소요한다. 그렇게 함으로써 에리고네의 영혼을 달랠 수 있다고 델포이 신탁이 계시해주었기 때문이다. 또한 나뭇가지에 작은 인물상이나 마스크를 걸어 놓는다. 이렇게 매단 장식물들이 미풍 속에서 흔들릴 때마다 행운이 찾아온다고 사람들은 믿었다. 부모들은 반쯤 땅에 묻힌 피토스항아리 가까이에서 아이들을 그

네 태운다. 이 열린 항아리의 아가리는 저승세계로 통하는 구멍이다. 에리고네와 아리아드네가 죽음의 세계로 내려갔

디오니소스의 부인 아리아드네

그네 타는 소년과 소녀들

다가 다시 천국으로 올라갔듯이, 사람들은 상하上下의 세계로 고즈넉이 흔들리면서 그네를 타는 것이다. 때로 사람들은 불과 연기가 피어오르는 향로 위에서 그네를 타기도 한다. 그렇게 스윙을 하다보면, 맑고 투명한 공기에 의해 심신이 정화된다고 믿었다. 그네는 또한 흥미진진한 열락을 경험하는 재미를 제공한다. 이 꽃의 축제에서 그네 타기는 그 자체로 기쁨을 의미한다. 와인과 마찬가지로 그네타기 역시 사람들을 단숨에 하늘로 올려준다. 소녀들은 그네타기를 통해 에리고네의 비극에 참여하는 동시에 열광적인 마이나데스디오니소스의 신녀처럼 하늘을 향해 머리를 쳐들어 올림으로써 에로스적인 쾌락을 체험한다. 이를 통해 젊은 처녀들은 물론이고 나이든 노파들 역시 디오니소스의 신부가 되는 절정 내지 황홀경을 공유하는 것이다. 그래서 가끔 젊은 처녀들이 탄 그네를 밀어주는 헤픈 웃음을 웃는 실레노스의 광경을 엿볼 수 있다.

ᴪ 염소가죽부대 위에서 오래 버티기 경연대회

염소

디오니소스가 양치기들에 의해 죽임을 당했기 때문에, 자 이제는 염소가 신을 위해 죽을 차례이다. 염소의 붉은 피는 포도나무에 자양분을 공급하리라. 또한 디오니소스의 비극적인 죽음은 염소의 비가를 통해 애도될 것이다. 사람들은 염소를

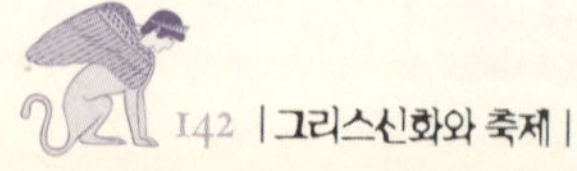

위해 노래하고 춤을 춘다. '음메' 하고 서글피 울던 염소가 도륙당한 후에, 사람들은 그의 가죽으로 가죽와인부대askos를 만든다. 가죽부대를 한껏 부풀린 다음 기름칠을 해서 표면을 미끄럽게 한 다음, 과연 누가 가장 그 위에서 오래 균형을 잡고 버티는지를 시합한다. 결국 이러한 오래 버티기 대회는 사람들의 경쾌한 폭소대행진으로 이어진다.

옛 신화에 따르면 염소 한 마리가 이카루스가 심은 첫 번째 포도밭에 들어가서 가장 부드러운 잎사귀를 모조리 먹어치웠다. 그래서 화가 난 이카루스는 염소를 죽여버렸고, 염소가죽으로 첫 번째 와인가죽부대를 만들었다. 그는 그 부대를 부풀린 다음 주둥이를 꽉 졸라매서 그의 동료들 앞에 집어던졌다. 그리고 그들에게 그 위에서 춤을 추도록 했다. 염소는 포도나무와 신에게 저지른 죄를 참회하도록 만들어진 것인데, 이렇게 우스꽝스런 춤을 추다보니 결국 비극은 희극으로 바뀌어버린다. 이와 마찬가지 원리로 고대비극 역시 사티로스가 나와 춤추고 공연함으로써 그때까지 눈물을 적시던 관객들을 웃기고 마는 것이다.

ψ 혼인식 준비

남성들은 마시기 경연대회를 하고, 도시의 여성들은 신의 강림을 준비하느라 부산하다. 게라이라이들은 귀퉁이가 세 개 달린 우산을 받쳐 든 하인 실레노스를 거느리고 소택지로 간다. 이 늪에 있는 디오니소스 신전의 성스런 장소에서 게라이라이들은 축제의 여왕인 바실리나와 신의 신성한 결혼을 비밀리에 준비한다. 각 게라이라이들은 바구니 14개를 디오니소스 신전으로 운반한다. 거기서 신비한 제식을 거행하는 것이다. 바로 거기서 바실리나는 뿔 달린 디오니소스 신과 혼인한다.

불 위에 드리워진 그네

해가 지면 경연대회의 우승자들을 포함한 모든 사람들이 화환을 걸치고 노래하면서 다시 림나이온 신전으로 돌아간다. 많은 사람들이 얼근히 취해 숙취로 고생한다. 사람들은 오른손에 횃불을 들고 옥좌에 앉아 있는 디오니소스 신전의 여사제들에게 화환을 돌려준다. 그리고 남은 와인을 신의 제전에 헌주로 쏟아 붓는다. 사람들은 모두 내일 디오니소스 신의 강림을 열렬하게 기다린다. 신을 추방하면 광기를 가져오리라!

❋ 셋째 날: 쿠트로이|Khutroi

세 번째 날은 일몰과 더불어 시작된다. 비록 경연은 공식적으로 막을 내렸지만 음주는 밤새도록 이어진다. 많은 심포지엄이 열려 남성들은 계속 분주하다. 사람들은 흥겹게 마시고 춤춘다. 플루트 연주자는 고혹적인 선율로, 헤타이라(고급 매춘부들)은 미모와 재기발랄한 매력으로 주연파티의 흥을 최고조로 돋운다. 어떤 사람들은 흥분하여 옷을 벗어던진 채 손에 손을 맞잡고, 한껏 달아오른 춤의 열기에 몸을 맡긴다. 그러는 사이 바실리나는 조용히 비밀제식을 준비한다. 그러한 제식을 통해 그녀는 주신 디오니소스의 신부가 되는 것이다. 게라이라이들 역시 소택지에서 비밀스런 의식을 거행한다.

Ψ 결혼식

바실리나의 풍요로운 웨딩가운은 불 위의 그네 위에 드리워진다. 그 위에 여자수행원이 향기로운 기름과 향을 뿌린다. 여왕 바실리나는 신성한 장소로 인도된다. 태초의 영원한 침묵 속에서 오직 뿔 달린 신과 대면하게 될 바실리나는 거기서 다른 인간들은 결코 보지 못하는 것을 보게 될 것이다. 신을 신랑으로 맞이하게 될 그녀가 본 것은 오직 그녀자신만이 알리라.

노새가 끄는 텅 빈 수레가 여왕을 위해 도착한다. 보통 결혼식과는 달리 신랑은 신부를 대동하지 않는다. 장식이 달린 튜닉을 입은 사티로스가 결혼행렬임을 의미하는 두 개의 횃불을 높이 쳐들고 그녀를 수행한다. 다른 사티로스들은 그녀의 지참금이 든 커다란 바구니를 들고 따라간다. 실레노스는 디오니소스의 지팡이를 나른다. 신방에 도착하면 신부는 안으로 모셔진다. 술 마시고 흥청대던 남자들은 어느덧 숙연해지고 신방의 바깥에서 횃불을 들고 결혼찬가를 부르며 지키고 서있다.

신전의 안에서 바실리나는 혼자서 신의 도착을 기다린다. 그녀는 신성한 결혼을 위해, 불멸의 신을 부른다. 이날 밤 바실레우스는 자기 아내를 신에게 양보한다. 그것은 영웅 테세우스가 신에게 아리아드네를 양도했던 것과 똑같은

테세우스가 버리고 간 후 아무것도 모른 채 천진난만하게 잠들어 있는 아리아드네에게 다가가는 디오니소스

키

행위이다. 즉 그날 밤 그녀는 신의 아내인 아리아드네가 되는 것이다. 디오니소스의 노새들은 이 결합이 불멸의 상징임을 요란한 울음소리로 확인해 준다. 이날 델포이 신전 위의 울퉁불퉁한 바위 위에서는 광란의 마이나데스들이 키의 요람 속에 든 디오니소스를 흔들어 깨운다. 이제 키 속에서 아이의 유모들은 신비와 일체가 되는 것이다. 그리하여 깨어난 신은 산자들의 세계로 다시 되돌아오는 것이다. 오늘밤 모든 성인여성들은 디오니소스의 신부가 된다. 오늘밤 여성들은 디오니소스를 통해, 불멸의 영생과 일체가 되는 것이다.

오늘밤은 온갖 신령들이 거리를 어슬렁 걸어 다닌다. 남편들이 오늘밤 축제를 축하하는 동안, 횃불을 든 실레노스나 사티로스들이 집을 방문하여 아내를 데리고 어디론가 사라진다. 그녀들은 과연 어디로 가는 것일까? 산으로? 아니면 비밀스런 제식에 참석하러 가는 것일까? 오늘밤에 모든 여성들은 신 디오니소스와 일체가 된다. 또한 이날은 남편들이 사티로스도 되고 또 실레노스도 되는 날이다. 남성들 역시 사티로스의 디오니소스적 우애(?)에 동참하는 것이다. 남성들은 신의 동물인 염소나 종마와 일체감을 갖게 되며, 그래서 신의 남근에너지를 도시 전체에 퍼뜨린다. 이처럼 생명력이 넘치는 밤에 남성들은 디오니소스의 머리띠를 동여맨다. 그러면 타르소스 지팡이를 든 디오니소스의 신도들이 다가온다. 이 디오니소스

연극마스크 : 디오니소스

의 머리띠는 신을 부르려는 의지를 대외적으로 나타내는 것이다.

디오니소스는 마스크의 신이기 때문에 축제의 기나긴 밤 내내 경외감을 불러일으키는 마스크를 쓴 영혼들이 '신성성divinity'의 현존을 과시하며 돌아다닌다. 용트림을 하며 활개를 치던 밤의 장막이 서서히 걷히고 동이 트기 시작하면 사람들은 사자들을 달래면서 그들을 산 자의 땅으로부터 몰아낼 채비를 한다. 코에스가 행복한 날이었다면, 쿠트로이Khutroi는 안테스테리아의 어두운 날이다. 쿠트로이는 '생명의 씨 앗Panspermia'이라는, 야채와 곡물로 만든 달콤한 죽을 만드는 단지 내지 항아리를 말한다. 사람들은 망자들을 위해 저승사자인 헤르메스에게 이 죽을 바친다. 남근상의 헤르메스는 저승의 안내자를 구현하고 있다. 이날은 헤르메스와 디오니소스를 제외한 어떤 신도 도시에 나타나지 않는다. 왜 사람들은 이런 원시적인 죽을 만드는 것일까?

아주 옛날 옛적의 일이다. 데우칼리온과 그의 아내 피라는 제우스가 일으킨 대홍수 때 기적적으로 살아남았다. 이 부부는 인류의 재탄생을 기념하기 위해 더할 나위 없이 즐거운 마음으로 첫 번째 식사를 요리했다. 그들은 또한 죽은 자들을 애도하고 생명의 승리를 축하했다. 대홍수는 옛것이 물에 씻겨 사라지고, 새로운 것의 도래를 의미한다. 때문에 안테스테리아를 맞이한 사람들도 다우칼리온과 피라와 마찬가지로 새로운 시작을 축하한다. 이날 소녀들은 물이 담긴 쿠트로이를 머리에 이고 행진한다. 틈이 벌어진 땅에 도착한 다음, 소녀들은 이고 온 물을 쏟아 붓는다. 그럼으로써 대홍수 때 죽은 조상들을 기념하는 것이다. 마지막으로 사람들은 죽은 자들을 위해 식사를 준비한다. 이 가장 원시적인 곡물 죽은 조상들이 홍수가 끝나고 먹은 음식이다. 사제들을 제외한 모든 사람들이 이 음식을 서로 공유한다.[33] 그네타기에 이어 홍

33| 오늘은 모든 신전이 문을 닫았기 때문에, 사제들은 이 죽을 먹을 수가 없다.

수에 대한 제식, 또한 죽은 자들의 추방은 주신 '디오니소스의 부활' 내지 '재생'을 의미한다.

구약성서에 보면 '노아의 방주Noah's Ark' 이야기가 나온다. 신이 노하여 홍수를 일으켜서 인간들을 싹 휩쓸었다는 것인데, 정말 그 시대에 노아의 방주만 있었을까? 노아만 살아서 다시 현재 문명이 재탄생 했을까?

역사의 아주 초기 단계이다. 인류는 몹시 사악하고 교만해졌다. 사람들이 갈수록 성가신 존재가 되어버리자, 마침내 제우스는 그들을 모두 파멸시키기로 마음먹었다. 인류의 창조주인 거인 프로메테우스는 홍수가 일어날 것이라는 사실을 통고받고, 그 사실을 자신의 인간 아들인 데우칼리온과 며느리 피라에게 알려주었다. 프로메테우스는 아들과 며느리를 커다란 나무상자에 넣었다. 9일 낮 9일 밤 동안 비가 내려 온 세상이 물에 잠겼다. 그러나 그리스의 파르나소스 산과 신들의 보금자리인 올림푸스 산 꼭대기만은 예외였다. 마침내 나무상자가 파르나소스 산에 닿았다. 데우칼리온과 피라가 상자에서 나와 보니 주의의 온 세상이 파괴되어 있었다. 물이 빠진 다음 산에서 내려온 두 사람은 공포에 휩싸였다. 주위 어디를 보나 사람과 짐승들의 시체가 널려 있고, 모든 것이 물에 쓸려 내려온 모래와 진흙과 풀더미로 뒤덮여 있었던 것이다. 두 사람은 목숨을 건지게 된 것을 기뻐하며 신들에게 감사드렸다. 그리고는 하늘의 신들에게 기도하여 신들로부터 신탁을 얻어 보기로 뜻을 맞추었다. 두 사람은 케피소스 강가로 갔다. 홍수 뒤끝이라 맑지는 않았으나 그래도 강물은 얌전히 물길 사이를 흘러가고 있었다. 두 사람은 강에서 물을 길어 머리와 옷에다 뿌리고는 테미스 여신의 신전으로 발길을 돌렸다. 신전 지붕은 더러운 이끼와 진흙으로 뒤덮여 있었다. 제단에 향불이 켜져 있을 리 만무했다. 두 사람은 신전 계단에 엎드려 차가운 돌에 입 맞추고 이렇게 빌었다. "신들의 마음이 신심 있는 자들의 기도로 움직이고 부드러워진다면, 신들의 분노가 이로써 가라앉는다면 일러 주소서. 테미스 여신이시여, 어찌하면 인류가 절멸한 이 땅의 재난을 수습할 수 있을는지요? 자비로운 여신이여! 환란을 당한 저희들을 도와주소서." 여신은 이들을 가엾게 여기고 다음과 같이 속삭였다. "내 신전에서 나가 너희 머리를 가리고 의복의 띠를 푼 연후에, 너희들 크신 어머니의 뼈를 어깨 너머로 던져라!" 두 사람은 망연자실하여 한동안 그대로 가만히 서 있었다. 두 사람은 참으로 엉뚱하고 애매한 이 여신의 계시를 새기려고 묵상했다. "신의 뜻은 무류한 법, 죄업을 쌓을 말은 아니 할 것이다. 내 짐작이 그르지 않다면, 여신이 이르는 어머니는 곧 대지일 것이요, 어머니의 뼈는 곧 돌이 아닐는지. 여신은 우리

Ψ 쿠트로이 대회

이날 재미있는 오락은 바로 쿠트로이 대회Agônes Khutrinoi이다. 사람들은 다음 달의 '디오니시아' 라는 연극축제 공연을 위해 치열한 경합을 벌인다. 그러나 날이 어두워지면 사람들은 술 단지를 나르고 사자들을 신전이 있는 늪으로 인도한다. 와인으로 포식한 사자들은 산자들의 명에 따라 다시 저승세계로 귀환한다. 사람들이 사자들을 충분히 공경했으므로, 이제 그들은 이승을 떠날 수가 있다. 해가 떨어지면 사람들은 이렇게 소리친다. "케레스죽음의 신여 사라지라. 안테스테리아는 끝났노라!" 이러한 주문에 의해 도시는 모든 불순함과 악령들로부터 깨끗이 정화된다. 모순적인 신 디오니소스는 어둠의 세력들과 함께 내려와 우리들과 함께 머문다. 그는 살아 있는 동시에 죽은 신이며, '신성한 아이' 인 동시에 '남편' 이기도 하다.

✳ 디오니시아

디오니시아Dionysia는 디오니소스 신을 기리는 대규모 종교축제이다. 이 축제의 중심 이벤트는 비극과 희극의 공연이다. 디오니시아는

디오니소스의 테라코타 마
스크

고대 그리스 아테네(아테나이)의 신년제인 '판아테나이아제Panathenaia' 다음으로 중요한 축제이다. 이것은 아크로폴리스의 신전에 딸린 디오니소스극장에서 신관의 주관으로 1만 7000명이 넘는 관중을 모아 하는 국가적 행사였다. 5인의 심판관이 평가하여 1등을 한 작가는 커다란 명예를 얻었다. 특히 예선을 통과한 작가에게는 각각 연극의 후원자인 코레고스choregos, 즉 돈 많은 사람이 딸려서 일체의 상연비용을 부담하고, 코러스의 편성, 의상준비 등을 담당했다. 작가는 코러스의 훈련, 가면을 쓰고 반장화를 신은 배우의 연기지도, 가창부의 작곡 등 연출전반을 담당했다. 디오니시아 때 열렸던 비극경연에서 연거푸 1등상을 받음으로써 유명해진 작가들이 우리가 아는 3대 비극작가 아이스킬로스, 소포클레스, 에우리피테스 같은 사람들이다. 아이스킬로스는 배우의 수를 둘로 늘리고 합창단의 역할을 줄여 대화가 극의 중심이 되게 했고, 소포클레스는 다시 배우 수를 셋으로 늘리고 무대에 배경장치를 도입함으로써 극의 형식을 발전시키는데 이바지했다. 『아가멤논』, 『오이디푸스 대왕』, 『메디아』등 3대 비극작가들의 대표작 제목에서도 알 수 있듯이, 그리스 시대의 비극은 주로 고대 신화나 호머의 서사시에서 내용을 따온 것들이었다. 디오니시아는 겨울에 행하는 '전원제Rural Dionysia'와 봄에 하는 '대 디오니시아 Great Dionysia'로 나뉜다. 이 두 행사는 디오니소스 비의秘義의 본질적인 요소를 차지하고 있다.

원래 디오니시아는 아티카의 엘레우테라이의 전원제에서 유래
했다. 아마도 태초에는 포도수확을 기리기 위한 것이었으리라.[34] 어쩌
면 디오니소스와 전혀 관련 없는 고대축제였을지도 모른다. 이 전원제
는 포세이데온의 달(12월에 해당)인 겨울에 거행되었다. 이 축제의 하일라
이트는 단연 성장을 한 사람들의 화려한 퍼레이드이다. 풍요와 다산을
기원하는 발기한 남근상 외에도 손에 바구니를 든 소녀들, 긴 빵 덩어
리와 다른 공물, 물이나 와인 단지를 나르는 사람들의 기나긴 행렬이
이어진다. 행진이 끝나면 춤추고 노래하는 가무경연대회가 열린다. 이
때 코레고스(연극후원자)들이 리드하는 코러스는 주신찬가를 열창한다.
다음은 남근찬가이다. 이러한 찬가는 의미의 이중성과 노골적인 성적
묘사가 두드러진다.

"오 남근이여! 남근이여! 흥겹게 떠들고 마시며 돌아다니는 디
오니소스의 친구여. 희미한 황혼의 방랑자여! 음탕한 애인이여. 나는
여기 나의 집에서 그대를 기쁘게 영접하노라. 최악의 겨울은 이제 끝났
으니 나는 이렇게 대담하게 간청한다오."

만물이 소생하는 봄에 열리는 대 디오니시아 제전 때도 이 남근
상의 행진을 볼 수 있
다. 처음에 신이 검은
염소가죽의 옷을 입고
아티카 근처에 나타났
을 때, 엘레우테라이

디오니소스의 승리

34| 엘레우시스의 비의가 열리는 시기(9월 29일~10월 5일)에 포도가 수확된다.

Eleutherai의 딸들은 그를 거부했다. 그러자 신은 이 오만방자한 처녀들을 미치게 만들었다. 이 섬뜩한 광기에서 치유되려면 그를 '죽음의 신Melanaigis'으로 섬겨야 한다. 그래서 신의 노여움을 진정시키는 의미에서, 사람들은 '염소의 노래'에서 유래한 비극tragedy을 신에게 바쳤던 것이다. 엘레우테라이의 여성들뿐만 아니라 아테네의 남성들도 디오니소스 숭배를 거부했다. 그래서 신은 남성들에게 무서운 재앙을 내렸다. 그것은 발기불능이었다. 한 신탁에 따르면 나무로 만든 남근상만이 이러한 저주로부터 남성들을 구해주리라는 것이었다. 이것이 남근상 퍼레이드의 기원이며, 남성들이 여성들과 마찬가지로 디오니소스 숭배에 참가하게 된 것은 트로이 전쟁이 끝난 직후부터였다.

전원제에서는 전년도 대 디오니시아 축제 때 피레에푸스나[35] 엘레우시스 같은 큰 도시에서 공연된 연극이 재상연되기도 한다. 아티카의 도시들마다 제각기 다른 방식으로 축제를 열기 때문에, 사람들은 계절별로 입맛에 따라 여러 개 페스티발에 참여할 수가 있다. 또한 축제는 아테네 시민에게 다른 도시를 여행할 수 있는 기회를 제공했다. 축제기간 중에 극단들 역시 여러 개 도시를 순회했다. 희극작가 아리스토파네스는 이 전원제를 패러디한 적이 있다.

아리스토파네스

---

[35] 그리스 동남부의 항구 도시로서 아테네의 외항(外港).

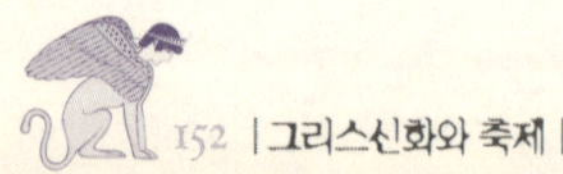

❊ 대 디오니시아

대 디오니시아는 '도시 디오니시아City Dionysia'라고도 한다. '시골 디오니시아Rural Dionysia', 즉 전원제가 시골을 배경으로 했다면 대 디오니시아는 도시적인 색채가 강하다.

❦ 축제의 기원

대 디오니시아는 B.C. 6세기경 페이시스트라토스의 참주정 시대에 제정되었다. 이 도시축제는 비교적 최근의 발명품이며 정치적 요소가 강했으므로, 축제의 왕 바실레우스보다는 고대 아테네의 제1집정관인 아르콘의 후원으로 열렸다. 이 축제는 전원제가 끝난 3개월 후인 '엘라페볼리온Elaphebolion의 달(3월말과 4월 초에 해당)'에 개최된다. 아티카와 보이오티아의[36] 중간지점에 위치한 엘레우테라이 덕택에 이 축제가 열린 것으로 보고 있다. 엘레우테라이 사람들은 디오니소스 신상을 아테네로 가져온다. 앞에서 설명한 대로 초기에 아테네인들은 디오니소스 숭배를 거부했고, 그 벌로 디오니소스는 아테네남성들에게 발기불능이란 저주를 내렸다. 당시 사람들은 그 역병의 재앙이 남근상을 나르는 시민들의 퍼레이드를 통해서만 치유된다고 믿었다.

아테네의 디오니소스 극장

---

[36] 아테네 서북부에 있던 고대 그리스의 한 나라.

아르콘은 집정관으로 선발되자마자 도시 디오니소스제를 준비 시켰다. 축제의 첫 번째 날에는 행렬pompe이 거행된다. 시민과 고대 그리스 도시의 외국인 거주자와 아테네 식민지의 대표들이 디오니소스 목상을 앞세우고 아크로폴리스의 남쪽 언덕에 있는 디오니소스 신전을 향해 행진한다. 전원제와 마찬가지로 그들은 나무나 청동으로 만든 거대한 남근상을 실은 수레를 따라간다. 물이나 와인이 담긴 항아리와 빵이 든 바구니를 든 행렬도 길게 이어진다.

B.C. 5세기 중반경 아테네 제국의 절정기에는 아테네의 힘을 대내외적으로 과시하는 선물과 무기들, 또한 극장에서 희생될 소들이 행렬에 줄지어 참가했다. 행렬들 중에 가장 눈에 띄는 것은 화려한 성장을 한 합창단 리더들이다. 그들은 합창단을 이끌고 주신찬가대회에 참가한다. 가장 뛰어난 플루트 주자와 시모니데스(B.C. 556?~468?)나 핀다로스 등 기라성 같은 시인들이 최상의 음악과 서정시를 제공한다. 이 경연이 끝나면 소들이 제물로 희생된다. 이 축제는 모든 아테네시민들을 위해 거행된 것이다.

두 번째 퍼레이드인 코모스komos 때에는 거리 전체가 흥청망청 떠들고 노는 주연파티가 벌어진다. 고대 그리스 사회에서 연극은 오늘날 우리 사회보다 훨씬 더 중요한 위치를 차지했다. 연극 축제 기간에

코모스는 제식적인 취기의 퍼레이드이다.

모든 상거래는 중단되고 전쟁도 멈추었으며, 정치적인 사건들은 뒷전으로 밀려난다.

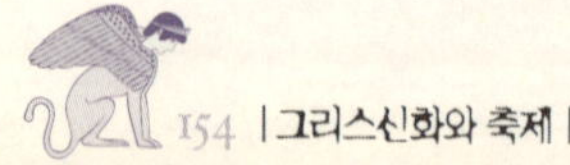

Ψ 프로아곤

축제가 시작되기 전 모든 주요 연극관계자들은 프로아곤Proagon에 모습을 드러낸다.[37] 극작가들은 공연될 극의 제목을 발표하고, 제비뽑기에 의해 심사의원을 선발한다. 과연 언제부터 이 프로아곤이 생겨났을까? 그 기원은 확실하지 않으나, B.C. 5세기 중반경 아크로폴리스에 있는 페리클레스의 오데온 극장에서 상연된다.

에우리피데스

자 이제 시공간을 초월해서 오데온 극장의 객석에 한번 앉아보자. 오데온의 한편에는 에우리피데스와 그의 무리, 또 다른 한편에는 소포클레스와 그의 무리가 앉아 있다. 극작가들은 자신의 이름이 호명될 때마다 코레고스(연극후원자)와 배우, 합창단원, 음악가를 대동하고 나가서 인사한다. 소포클레스가 제일 먼저 연단에 서서 그의 네 작품의 제목과 플롯의 줄거리를 발표하면, 방청석에서 우레와 같은 박

소포클레스

수소리가 쏟아져 나온다. 에우리피데스는 관중의 환호를 덜 받는 편이다. 햇볕에 약간 그을린 그가 침통한 표정으로 플롯의 대강을 발표하자, 관중석에서는 약간의 야유가 터졌다.[38] 그는 신화를 뒤죽박죽(?) 엉

37| 프로아곤은 앞으로 있을 연극의 정보를 제공해 주는 등 선전용으로 제작된 일종의 예고편 공연이다.

망으로 만들어 놓은 것으로 정평이 나 있었다. 소재는 전통관례에 따라 신화·전설에서 빌려 왔지만, 여러 신과 영웅은 비범한 존재가 아니라 아무 곳에서나 흔히 볼 수 있는 보통 남녀와 별다른 차이가 없는 인물로 묘사되어 있다.[39] 소포클레스는 그런 방식을 즐기지 않았으며, 관객의 반응도 반드시 호의적이지만은 않았다. 무대에 첫 선을 보이는 신인 작가가 호명되는 경우, 그는 매우 긴장한 모습으로 배우들·합창단과 함께 무대로 나간다. 이윽고 연극제목과 플롯이 발표되면, 관객은 그다지 열광적이지는 않지만 정중한 답례의 박수를 보낸다. 발표가 끝난 후 그는 소포클레스 옆에 앉아, 좀 전에 관중의 야유를 받았던 에우리피데스를 비평하기 시작한다. 사람 좋은 소포클레스는 대체로 말을 신중하게 아끼는 편이나, 이 신인 풋내기 작가의 의견에 암묵적으로 동의하는 듯하다. 프로아곤은 유명한 시민이나 아테네를 위해 공헌한 훌륭한 외국인을 찬미하는 장이기도 하다. 펠로폰네소스 전쟁 중에 사망한 군인의 자식들은 아버지의 명예를 기리는 의미에서 오데온까지 시가행진을 했다. 또한 프로아곤은 다른 공지사항을 알리는 장으로도 이용되었다. B.C. 406년 비극작가 에우리피데스의 죽음이 발표된 것도 바로 이 장소에서였다.

Ψ 연극공연

퍼레이드 기간 중에 디오니소스 극장은 새끼 돼지의 희생제물로

38| 아테네 출생으로 아이스킬로스·소포클레스와 함께 고대 그리스 3대 비극 시인으로 꼽힌다. 천성이 명상적이었고 사람을 싫어하는 성격의 소유자였던 점이 고대 전기에 기록되어 있다. 그러한 성격은 그의 작품이나 조각상에 나타나 있는 침울한 표정에서도 엿볼 수 있다.
39| 「메데아」와 「히폴리토스」만 하여도 등장인물의 정념(情念)이 약간은 비정상이라고 할 정도로 격렬하지만, 가정 내의 비극에 지나지 않고, 고아 이온이 자기 기원을 찾는 「이온」 작품은 본질적으로는 오늘날의 홈드라마와 같다.

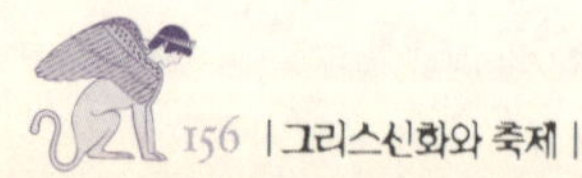

깨끗이 정화된다. 전승에 의하면, 고대 그리스 비극시인이며 최초의 배우였던 테스피스Thespis가 B.C. 534년경에 디오니소스 극장에서 처음 공연을

그리스의 동물희생제식. 돼지나 염소 같은 희생제물을 도살할 때는 개인이 단독으로 하기보다는 서로 죄의식(?)을 공유하기 위해 단체행동을 한다

했다고 한다.[40] 비극배우를 의미하는 'thespian'도 그의 이름에서 유래했다. 그는 연극을 공연한 상으로, 디오니소스의 상징물인 염소를 상으로 받았다. 비극tragedy이란 말의 기원도 '염소의 노래'에서 유래했다.

"신이신 염소여! 그대는 여기 와서 열매 달린 포도나무를 먹었노라. 그런데 뿌리는 이제 더 많은 포도송이를 가져오리니. 우리는 이 희생제식을 올리기 위해, 당신의 제단 위에 뿌릴 선홍색 와인이 철철 넘치노라!"

그 다음 3일 동안은 비극공연에 바쳐진다. 세 명의 작가가 3개의 비극과 1개의 사티로스극을 공연한다. 아이스킬로스, 소포클레스, 에우리피데스 등을 위시해서 오늘날 남아 있는 그리스 비극은 디오니소스 극장에서 상연되었다. 아르콘과 심사위원은 맨 앞줄의 상석에 앉아 있다. 축제의 6일째 되는 날은 아리스토파네스를 포함한 5개의 희극이 상연된다. 대 디오니시아 축제에서 희극은 상대적으로 부차적인 중요성을 지닌다. 이보다 좀더 일찍 열리는 레나이아Lenaia 축제에서는 희극이 중요한 역할을 차지한다. 비록 그렇다고 해도 대 디오니시아에서 수상한 희극은 상당한 권위를 누렸다. B.C. 5세기경의 고전시대가 지난

40ㅣ 기록에 의하면 B.C. 534년에 비극의 창시자라는 테스피스가 합창단을 중심으로 배우 한 사람과의 문답형식의 상연을 시도하였다는 유럽 최고의 기록이 있다. 그리스 연극은 B.C. 5세기를 전성기로, B.C. 3세기경까지 상연된 고대극의 전통이 로마를 거쳐 서유럽 전체에 퍼져 유럽 연극의 원류가 되었다.

후부터는 오래 된 극이 재공연되기 시작했다. 왜냐하면 수준 높은 관중들이 수준 낮은 새로운 공연보다는, 탁월한 옛것을 선호했기 때문이다.

그 공연의 마지막 날에는 또 다른 퍼레이드와 축하식이 따랐다. 심사의원이 비극과 희극공연의 우승자를 뽑고 나면, 수상자는 영예의 아이비 관을 머리에 썼다. 옛날 극이 상연되는 경우에는 죽은 지 오래 되는 극작가보다는, 극을 연출한 프로듀서가 상을 받았다.

Ψ이성과 광기가 만나는 곳, 진리의 세계

디오니소스는 문명화되지 않은 모든 것과 인간의 타고난 야생성을 대표하는 신이다. 디오니시아 축제는 고감도의 비극과 오만불손해진 희극을 통해, 평상시에 억눌려 있던 감정과 금기를 분출하는 계기가 되었다. 또한 거리 퍼레이드가 펼쳐질 때, 사회적 역할이 도치된다. 그래서 하층민은 상류층을 마음껏 비웃거나 조롱할 수 있으며, 여성은 남자친척을 모욕할 수가 있다. 이처럼 입버릇 사나운 독설aischrologia은 엘레우시스 비의에서도 자주 발견되는 요소이다. 연극 자체도 일상생활에서 별로 말하지 않거나 공유되지 않는 사상을 강조한다. 가령 그리스 3대 비극작가 중의 한 사람인 아이스킬로스는 가장 오래된 작품 『페르시아인(B.C. 472)』에서 아테네의 강한 애국심을 보이면서도, 은연중에 페르시아 인을 향한 연민을 표시한다. 그것이 만일 연극이 아닌 정상적인 상황이었다면, 정치적으로 그다지 현명한 태도는 아니었을 것이다. 희극작가 아리스토파네스 역시 정치가나 다른 유명한 아테네인을 신랄하게 풍자했다. 또한 펠로폰네소스 전쟁의 절정기에 반전연극Lysistrata을 상연하기도 했다. 디오니시아 축제의 고조된 열기 덕분에 그는 당국으로부터 비평받을 염려 없이, 자유로운 생각을 거침없이 쏟아낼 수가

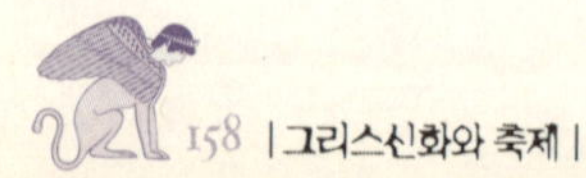

있었다. 니체는 디오니소스적인 정신이 아폴론적인 미학형식으로 표출된 것이 바로 그리스의 비극이라 했다. 그는 비극의 근원을 디오니소스적 정신에서 찾음으로써 아폴론의 이성보다는 디오니소스의 광기를 더 높이 샀다. 또한 니체는 근대에 들어와 안이한 합리주의, 낙관주의 때문에 디오니소스적 정신이 사라졌음을 슬퍼했다. 예술은 어쨌거나 이성보다는 광기에 가깝다. 인간은 불완전한 존재이기 때문에 빈틈없이 절제된 것보다는 빈틈 많은 불완전한 것에 친근감을 느끼는 법이다. 그러나 우리가 잊지 말아야 할 것은 디오니소스는 광기 자체가 아니라 광기를 통해 광기 저 너머에 있는 진리를 찾으려 했다는 사실이다. 순간적인 쾌감에 자신의 몸을 내던지는 현대의 쾌락주의는 디오니소스의 창조적 광기와는 아무런 상관이 없다. 이성과 광기는 서로 다른 길을 걸어 결국은 한곳에 도달한다. 우리 인간이 믿고 의지하는 밝고 높은 등대, 바로 진리의 세계이다. 그곳에서 아폴론과 디오니소스는 우리에게 이렇게 말한다. "진리는 너희의 빛, 진리가 너희를 자유롭게 하리라."

아폴로	디오니소스
태양	대지
자아	자아
영혼	에로스
스토아	에피쿠로스
정신	가슴
사고	감성
질서	혼돈
억제	과도
남성	여성
위계	평등
과학	예술
체계	자발성
강박	충동
도시	시골
고전주의	낭만주의
문명	자연

✽ 판아테나이아 축제

모든 아테네인들의 축제인판아테나이아 축제는 아테네인에게 가장 중요한 축제Panathenaic Festival이며, 전체 그리스에서도 가장 커다란 행사 중의 하나이다. 노예을 제외한 폴리스 전체주민이 이 페스티발에 참가할 수가 있다. 이 위대한 고대 축제는 아테네 여신의 탄생을 축하하고 아테네 도시의 수호신으로서 여신을 기리는 축제였다.

ψ파르테논 신전이 있는 아테네의 아크로폴리스를 향하여!

먼동이 트기 전에 사람들은 도시 북쪽에 자리 잡은 이중문 Propylaea 앞에 모여 행진을 시작한다. 아고라를 통해 아테네신전이 있는 아크로폴리스를 향해 걸어 나간다. 그리스의 아테네에 있는 언덕 아레오파고스Areopagus와 아테네 여신의 신상이 있는 파르테논 신전 앞에서 사람들은 두 차례 희생제

아테네의 아크로폴리스와 아크로폴리스의 입구(1846년 레오 폰 클렌체 작품)

에레크테움

아테네 여신을 위한 페플로스

물을 바친다. 보통 황소나 양을 제물로 바치는데 파르테논 신전 앞에서 바치는 소가 제일 훌륭하고 아름답다. 오직 아테네 시민만이 이중문을 통해 아크로폴리스에 들어갈 수가 있다. 거대한 행렬은 판테온을 지나 에레크테움[41] 앞의 아테네 신전의 대 제단 앞에서 걸음을 멈춘다. 매년 새로 짠 페플로스peplos를[42] 아테네 여신에게 바친다.

✤ 아레오파고스(아테네 법관회의)

아크로폴리스에서 내려다 본 아레오파고스

아레오파고스란 그리스어로 아크로폴리스의 북서쪽에 있는 '아레스의 언덕'이란 뜻이다. 고전시대에 아레오파고스는 아테네인의 살인재판소의 기능을 담당했다. 그 기원은 전쟁의 신 아레스가 여기서 포세이돈의 아들 알리로티오스Alirrothios를 살해했다는 죄목으로 재판을 받았던 데서 유래한다. 아이스킬로스의 작품 에우메니데스Eumenides에서도 아레오파고스는 오레스테이아가 어머니인 클리템네스트라와 그 정부 아이기스토스를 죽인 죄로 재판을 받는 장소로 등장한다. 아이스킬로스역시 엘레우시스에서 열린 밀교의식의 내용을 폭로했다는 이유로 아레오파고스에서 정식재판을 받았다고 하는데, 이 모든 것은 순전한 허구인 것 같다. 연대기 작가들은 아이스킬로스가 B.C. 456(또는 455)년에 69세의 나이로 젤라에서 죽었다고 기록하고 있다. 독수리가 그의 대머리 위에 거북을 떨어뜨리는 바람에 죽었다는 우스갯소리는 후세의 희극작가가 지어낸 허구일 것이다.

아레오파고스란 이름의 기원은 그리 확실하지 않다. 그리스어로 파고스pagos는 커다란 바윗조각을 의미한다. 아레이오스Areios는 아레스나 복수의 여신 에리니에스Erinyes로부터 유래했을 것이다. 왜냐하면 아레오파고스의 언덕의 발치에는 에리니에스에게 바쳐진 신전이 세워져 있기 때문이다. 살인자들은 그들이 저

복수의여신 에리니에스

41| 아테네의 아크로폴리스에 있는 신전으로서 B.C. 421년에 기공되었다. 2개의 이오니아식 주랑과 여상주 (caryatid)가 있는 주랑으로 구성되어 있고, 고전건축 전형의 하나로 되어 있다.

42| 고대 그리스 여성이 어깨에 걸쳐 입던 주름잡힌 긴 상의를 가리킨다.

ψ 대 판아테나이아

B.C. 566년 페이시스트라토스의 발기에 의해 제전에 특별한 양상이 가미되었다. 즉 매 사년째 되는 해마다 축제일을 늘려 많은 공적 행사를 갖는 것이다.[43] 그리하여 사년 마다, 대 판아테나이아Great Pana-thenaea 경기가 개최되었다. 체전뿐만 아니라 시와 노래경연도 열렸다. 시와 노래경연의 우승자는 금을 입힌 올리브 관과 현금을, 체전의 우승자는 올리브유가 든 항아리를 상으로 받았다. 예를 들어 일등을 한 경보경주선수는 올리브유 항아리 60개, 이등의 경우는 12개를 각기 받았다. 이 올리브 항아리의 한 면에는 아테네 여신이, 다른 한 면에는 축제 행사내용이 그려져 있었다. 무술경기가 열리는 경우 돈 많은 시민이나 고위층 사제, 사회명사가 재정적인 후원을 했다. 축제날에 어둠이 짙게 깔리면 아크로폴리스까지 장대한 횃불행렬이 있다. 젊은 사람은 아테네 여신을 기리기 위해 신명나게 춤추고 노래하였다.

ψ 신의 영광을 노래하는 파르테논 신전

현존하는 파르테논 신전은 아크로폴리스에서 가장 아름답고 웅장한 건축물로, B.C. 447~432년에 만들어졌다. 사실 파르테논 신전은

---

[43] 대 판아테나이아는 5일, 소 판아테나이아는 2일 동안 행사가 개최된다.

웅장함보다는 그 뛰어
난 미술성 때문에 고대
그리스의 영광을 상징
하는 건축물이다. 시
인 바이런은 "오! 파르
테논이여, 세계의 자

파르테논 신전

랑이여, 너의 발밑에 바다의 신 포세이돈의 나라는 굴에 갇힌 사자처럼
누워 있다"라고 파르테논의 아름다움을 표현했다. B.C. 480년에 페르
시아인이 파괴한 오래 된 아테나 신전을 이 파르테논 신전이 대신하게
되었다. 파르테논 신전의 프리즈Frieze[44]는 판아테나이아의 행진을 표현
하고 있다. 이 아름다운 장식조각은 그리스 예술의 정수로 칭송받고 있
다.

파르테논 신전 내부에는 당대 최고의 조각가인 피디아스가 완성
한 11m 높이의 아테네 여신상이 있었다고 한다. 청동으로 된 몸체에 팔
과 얼굴은 상아로, 중앙에 스핑크스 상이 새겨진 헬멧과 의상, 손에 든
방패는 황금으로 만들어진 이 조각은 당시 가장 아름다운 조각 중 하나
였다고 하나, 지금은 그 자취를 찾아볼 수 없다.

✳ 플린테리아 Plynteria

이 날은 아테네 여신의 오래 된 신상을 깨끗이 청소하는 날이다.
이 날은 매우 행복한 날이지만, 약간의 주의를 요하는 날이기도 하다.

---

[44] 고전건축의 엔태블러처(그리스의 신전건축에서 기둥이 떠받치는 수평부분) 중 맨 밑부분(architrave)과 코
니스(cornice)의 중간 부분이다.

지체 높은 가문의 여성이 행사를 주관한다. 신상은 의상·보석과 함께 바다로 고이 모셔진다. 상을 정성스레 목욕시킨 다음 새 옷을 입힌 후, 원래 있던 자리에 다시 갖다 놓는 의식이다.

✻ 아레토포리아 Arretophoria

아레포르Arrephors란 매년 아테네 여신에게 바치는 물건(?)을 나르는 7~11세 가량의 소녀를 가리키는 말이다. 행사기간이 되면 제각기 짝을 지은 소녀가 아테네 여신을 모시는 여사제로부터 무언가를 받는다. 소녀들은 아테네 여신의 정원으로 이를 조심스럽게 나른다. 지하동굴 속에 그 물건을 올려놓은 다음 그 장소를 떠난다. 동굴에서 소녀들은 가려진 다른 물건을 받는다. 여사제들은 소녀들을 보내놓고, 또 다른 소녀일행을 다시 정원에 보낸다. 이 소녀들이 하는 것은 아테네 여신에게 다산과 풍요를 비는 의식이다. 여기서 비밀스런 물건은 다산의 상징인 뱀이나 남근의 형상을 한 케이크이다. 아레토포리아 축제는 1년에 세 번 다산과 풍요를 비는 의식으로 이루어져 있다. 사람들은 아테네 여신과 데메테르 여신을 동시에 기린다. 추수가 끝난 유월에 데메테르 여신을 위한 스키라scira 축제가 거행된다. 여성은 밤에 다산을 상징하는 심벌을 땅 속에 묻는다. 가장 강력한 효과가 있다고 믿었던 것은 돼지나 새끼 멧돼지였다. 그들이

농업의 여신 데메테르

고갈된 대지에 새로운 정기와 힘을 불어넣는다고 믿었다. 아테네의 정원에서도 똑같은 의식을 행했다. 4개월이 지난 후 아레포르소녀는 두 차례 남은 축제를 위해 물건을 치운다. 케이크는 다산축제를 위해 사용되었고, 돼지는 파종기에 보통 여성들의 다산파티를 위해 사용되었다.

✲ 타르겔리아 축제

타르겔리아Thargelia 그리스어로 *θαργηλια*는 태양신 아폴론과 달의 여신 아르테미스의 탄생일을 기리는 축제이다. 타르겔리아는 고대 아테네에서 가장 중요한 축제 중 하나이다. 그리스력에 따라 두 남매신의 생일인 '타르겔리온Thargelion의 달' 6일과 7일째 되는 날에 거행된다. 태양력으로는 5월 24일, 25일에 해당된다. 타르겔리아는 식물의 성장과 관련이 있는 농업축제이며, 공동의 죄를 사함받기 위한 정화와 속죄 의식이다. 학자들은 첫 번째 열매를 바치는 고대축제 '탈리시아Thalysia'에서 기원했을 것으로 추정하고 있다.

아폴론 신

첫 번째 날, 즉 백옥처럼 순결한 처녀 아르테미스 여신의 탄신일은 정화의식에 바쳐진다. 아르테미스는 자신과의 금과옥조 같은 맹세를 어기고 처녀성을 잃은 경거망동한 시녀를 모조리 죽였다고 한다. 사람들은 이날 우선 양을 잡아서 아크로폴리스에 있는 농업의 여

신 데메테르 제단에 바친다. 또 운명의 여신들에게는 사나운 멧돼지를 잡아 바친다. 그러나 가장 중요한 의식은 그 다음에 이어진다.

남자 또는 여자가 파르마코이pharmakoi라는 '속죄양'으로 선발된다. 그들은 대부분 죄수이거나 사회의 부랑아 출신이다. 간혹 드물게 지체 높은 시민이 도시를 위해 스스로 희생하는 경우도 있었다. 속죄양으로 선발된 자는 일단 잘 먹여진 후, 도시의 방방곡곡으로 끌려다닌 다음에 도시에서 추방된다. 무서운 재앙과 역병의 시기에는 속죄양을 절벽에서 떨어뜨리거나 바다에 집어던지며, 장례식 장작더미에 올려놓고 아예 태우는 화장의 경우도 있었다. 이 속죄양의 제식은 도시를 정화하고 새로운 추수를 준비하는 의식이다. 초기에는 인신제물을 바치는 의식으로부터 출발했으나, 후대로 내려오면서 속죄형태로 완화되었다.

자, 이제 역사의 수레바퀴를 돌려 축제가 한창인 고대 아테네도시를 한번 방문해보자. 사람들은 가장 미련하고 못 생긴 추물 두 명을 선발하여 우선 살을 디룩디룩 찌운다. 이 볼썽사나운 듀오는 도시의 남성과 여성을 각기 대표한다. 남성을 대표하는 자는 검은 무화과열매, 여성을 대표하는 자는 하얀 무화과열매의 목걸이를 걸게 된다. 희생제물을 바치는 날 사람들은 무화과 열매를 주렁주렁 매단 줄로 그들의 목을 꿰어 끌고 가서 독성분이 있는 해총(백합과 식물)과 무화과나무가지로 그들의 성기를 사정없이 때린다. 마지막으로 제단이 차려진 해안에 당도하면 군중들은 그들을 돌로 쳐 죽였다. 그들의 시체는 불에 태워진 후, 정화의식으로 그 재를 바다나 육지에 뿌렸다고 한다.

속죄양

이오니아 해에 있는 그리스의 레우카스Leucas 섬에서도 매년 죄수 한 명이 속죄양으로 희생되었다. 그 해도 불행한 죄수 한 명이 암석에서 바다위로 던져졌다. 때마침 근처를 비행하던 새들의 요란한 날개 짓과 깃털에 걸려 그의 낙하속도가 지연되었다. 그때 낭떠러지 밑에서 보트를 타고 있던 남자들이 그를 잡아 도시 밖으로 인도하는 바람에 그는 구사일생으로 목숨을 건질 수 있었다.

마실리아Massilia 지방현재 프랑스의 마르세유에서는 역병이나 기근 같은 재앙이 내리자, 어떤 가난한 주민이 스스로 속죄양을 자처하고 나섰다. 그는 1년 동안 공공경비로 놀고먹으면서 충분히 살을 찌웠다. 드디어 운명의 디데이에 시민들은 그를 이리저리 끌고 다니며 차고 때리고 온갖 저주를 퍼부은 후 도시의 경계 밖으로 내던졌다.

여기서 속죄의식에 사용되는 무화과는 재배과수로서는 세계에서 최고의 역사를 지녔다. 오랫동안 무화과는 에덴동산의 아담과 이브가 먹었던 '금단의 열매'로 간주되었다. 그 이유는 구약성서에서 아담과 이브가 그들의 나체를 무화과 잎사귀로 가렸다는 대목이 나오기 때문이다(창세기 3,

무화과 열매

7). 무화과無花果라는 한자는 꽃이 눈에 띄지 않고 열매를 맺는 것에서 연유한다. 그래서 고대 인도인은 무화과를 아예 꽃이 없는 나무로 간주했다. 힌디 텍스트에 의하면 "무화과나무에서 꽃을 찾는" 행위는 무의미하거나 불가능한 것, 자질이 전혀 없는 것을 의미한다. 그리스어로는 무화과나무를 시케아sykea라고 한다. 그리스 신화에서 올림푸스 신과 전쟁을 벌였던 거인족 중 하나인 시케우스Syceus에서 유래한다. 시케우스가 제우스의 노여움을 피해 도주할 때의 일이다. 그의 어머니 대지의 여신 가이아는 그를 첫 번째 무화과나무로 만들어 품속에 숨겼다. 그리스 농업의 여신 데메테르가 주신 디오니소스에게 무화과 열매를 선물로 주었다는 이야기도 있다. 그 후 무화과 열매는 신의 축복을 받았다. 올리브나 포도와 마찬가지로 무화과는 '평화와 번영의 상징'으로서 지중해나 극동에 거주하는 고대의 기본식품이었다. 플라톤에 의하면 그리스 운동선수들은 올림픽 게임 때 달리기 속도를 증진시키고 전체적인 체력보강을 위해 무화과열매로 다이어트를 했다. 특히 말린 무화과는 당도가 높기 때문에 선수들에게 훌륭한 에너지원을 공급할 수 있다. 고대에 익힌 무화과는 음식을 달게 하는 감미료로 사용되었다. 무화과 열매는 50%이상의 당도를 함유하고 있다. 무화과의 자디잔 씨는 위에서 소화되지 않기 때문에 하제기능이 탁월하다. 특히 앉아 있는 생활을 오래 하는 노인에게 좋다. 무화과는 플라본과 폴리페놀 성분을 다량 함유하고 있어 노화방지에도 효과가 높다. 또한 무화과는 다른 건과나 생과일보다 섬유질이 많고 철분과 칼슘, 칼륨 등을 포함하고 있어 자연산 이뇨제나 하제로 사용된다. 무화과는 열매가 충분히 잘 익었을 때 따는 것이 중요하다. 아리스토텔레스는 무화과의 응고된 젖빛수액으로 치즈를 제조하는 법을 언급한 적이 있는데, 오늘날에도 전통적인 치즈를 만드는 경우에는 이러한 방법을 사용한다고 한다.

타르겔리아 축제의 두 번째 날은 신에게 첫 번째 열매의 공물을 바치는 일종의 추수감사제이다. 속죄의식에 비해 분위기가 훨씬 명랑하고 밝은 축제이다. 화려하게 행렬을 지어 도착한 모든 종류의 형형색색의 과일이 아폴론에게 봉헌된다. 그리스력 '피아넵시온Pyanepsion의 달'에 열리는 피아넵시아Pyanepsia축제 때와 마찬가지로 집집마다 귀여운 꼬마가 갖다 주는 양모털실을 곱게 동여맨 올리브 나무가지를 문 앞에 걸어놓는다. 이러한 가지를 걸어놓는 이유는 흉작을 막기 위한 일종의 주문이다. 또 타르겔로스thargelos라는 곡물과 야채를 끓여 만든 스튜 단지를 아폴론 제단에 올린다. 그리고 나서 남성과 소년합창단을 위한 성가대회가 열린다. 여기서 우승자는 삼각대를 선물로 받는데, 그것은 다시 아폴론 신전에 헌정된다. 사람들이 이처럼 감시의 표시로 아폴론 신에게 그해의 첫 번째 지상의 열매를 바치는 것은, 혹여 진노한 신이 역병이나 열, 가뭄 등으로 농사를 망치지 않도록 신을 달래기 위함이다. 그리고 이날 양자養子들은 양부의 게노스에 바치는 의식을 엄숙하게 거행한다. 게노스는 고대의 씨족단위로서 프라트리아보다는 작은 단위를 말하며, 아테네의 게노스가 유명하다. 씨족은 정통의 남자를 게노스에 소개하며 승인되면 그 일원을 가입시켰는데 시민권과는 관계가 없었다. 게노스는 폴리스가 성립하게 되자 해체되었다. 게노스를 귀족의 가계로 보는 설이 유력한데 아테네의 게노스는 약 90개라고 알려져 있다.

현대인에게 휴가는 신성한 것이든 또는 세속적인 것이든지 간에 휴식이나 재충전, 또는 단순히 일상의 작업에서 벗어난 기간을 뜻한다. 그러나 과거의 축제는 타르겔리아에서 볼 수 있는 것과 마찬가지로 사회와 공동체, 종교를 유지하고 사람들에게 응집력을 부여하는 중요한 장치였다. 축제가 교리적·신화적인 원래의 의미를 잃어버린 경우에도

의식이나 예술 작품에는 그러한 상징이 여전히 남아 있어 위기나 변천기에 사회적·문화적인 분열의 조짐이 나타남에도 불구하고 평정을 유지할 수 있었다. 따라서 축제의 여러 양상 연구는 인간의 기원과 동일성, 운명을 이해하는 데 도움이 된다. 타르겔리아 역시 아폴론을 기리는 추수 페스티발이다. 축제의 시기는 곡물이 탈곡되는 시기이니만큼 농장에서 농장에 이르기까지 각자 다양하다.

✳ 퓌아넵시아

퓌아넵시아Puanepsia는 포에부스Phoebus 아폴론, 헬리오스, 계절의 여신 호라이를 모시는 축제이다. 아마도 그들이 모두 태양과 관련이 있기 때문일 것이다. 포에부스Phoebus는 '밝다'는 뜻으로 태양신 아폴론을 지칭한다. 호머는 태양신 헬리오스와 아폴론을 각기 따로 구분했으나, 고대 후기 그리스 작가들은 동일한 태양신으로 취급했다. 아폴론은 제우스와 레토여신의 아들로, 달의 여신 아르테미스와는 쌍둥이 남매이다. 축제는 아폴론의 생일 때 거행된다. 퓌아넵시아는 늦가을 열매의 수확을 축하하고, 가을 파종을 위해 신의 축복을 구하는 축제이다. 이는 계절주기에서 늦은 5월의 축제이며, 아폴론에게 첫 열매를 바치는 타르겔리아와 서로 밸런스를 맞추고 있다. 양친이 모두 살아 있는 아이들이 시가를 행진하는데, 아폴론의 상징인 월계수 나뭇가지

계절의여신 호라이

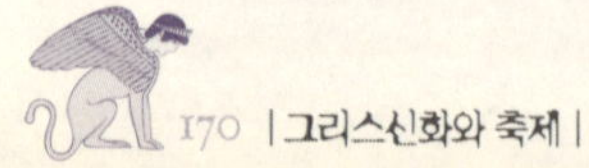

를 저마다 손에 들고 있다. 가지는 2~4피트 정도 되고, 과일과 하프 모델, 포도나무 가지와 컵 따위로 장식되어 있다. 아이들은 이 월계수 가지 에이레시오네를 들고 집집마다 찾아가서 과자를 달라고 조르면서, "장난이요, 과자요"라고 외친다.

"에이레시오네는 병 속에 든 꿀과 풍요로운 케이크와 무화과, 또 그대를 축성하기 위한 올리브 향유를 마시고 깊은 잠에 빠질 부드러운 와인 컵을 가져온다네!" 만일 당신이 아이들에게 선물을 준다면, 아이들은 에이레시오네를 줄 것이다. 만일 그것을 문 앞에 걸어놓는다면, 1년내내 행운이 찾아올 것이다. 아이들의 행렬이 집과 너무 멀리 떨어져 있다면, 가문의 번영을 위해 직접 에이레시오네를 집 앞에 걸어두면 된다. 퓌아넵시아는 축제 때 바치는 모든 종자를 의미하는 '판스페르미아Panspermia', 즉 콩을 끓인다는 '퓌아논 엡세인puanon epsein'에서 유래했다. 그것은 콩과 야채, 곡물을 솥에 넣고 끓인 죽이었다. 그것은 돌아온 그리스 영웅 테세우스를 기리는 것이었다. 파종행사는 퓌아넵시아 때 전형적으로 행해진다.

미의 여신 아프로디테

✽ 아프로디시아

아프로디시아Aphrodisia(7월 21일)는 만인의 여신 아프로디테Aphrodite Pandemos와 여신의 조력자인 설득의 여신 페이토Peitho가 목욕하는 축제이다. 이 두 여신은 전쟁의 여신인 동시에 사랑의 여신이다.

고대여행작가 파우사니아스는 수많은 아프로디테의 신상이 전쟁복장을 하고 있으며, 무를 숭상한

제우스가 백조형상을 하고 레다를 유혹하는 장면을 지 켜보는 페이토 여신. 그녀는 끈실 뭉치를 들고 있으며, 그녀의 머리 위로 장식 띠를 문 비둘기가 비상하고 있다.

스파르타지역에서 발견됨을 지적한 바 있다. 상무정신이 투철한 스파르타인이 여성을 사내처럼 키우는 방식을 감안한다면, 무장한 여신상을 보는 것이 그리 놀라운 일은 아니다. 여신을 수호신으로 채택한 코린트 시에서도 시를 방어하기 위해 무장한 늠름한 모습의 아프로디테 신상을 볼 수가 있다. 또한 전쟁의 신 아레스와 한 쌍의 조화를 이루고 있는 여신의 고혹적인 자태를 감상할 수가 있다.

고전예술에서 아프로디테는 절대적인 미의 표상이다. 또한 꽃과 식물은 여신이 다산과 밀접한 연관성이 있음을 시사한다. 가장 최근에 발간된 옥스퍼드 고전사전(1970년판)은 그녀를 전쟁의 신으로 보고 있으며, 그 원인을 그녀의 동방적인 기원에서 찾고 있다. 아프로디테는 실제로 전쟁의 신이며 다산의 신이었던 아쉬타르트Astarte와 매우 유사한 점이 많다. 아쉬타르트는 이집트인이 널리 숭배하였다.[45] 그러나 1996년에 발간된 옥스퍼드 고전사전은 아프로디테를 아레스와 한 쌍으로 보고 있는데 둘 다 호전적인 신이기 때문이 아니라, 양자가 전쟁과 사랑이라는 상반된 개념을 대표하기 때문이다. 그 어떤 경우이든지 간에 아프로디테의 일차적 기능은 다산을 관장하는 일이다. 왜냐하면 그것은 공동체의 생존을 위해 필수적인 요소이기 때문이다. 아프로디테는 비둘기와 깊은 연관이 있으며, 그녀에게 또 다른 신성한 동물은 바로 거위이다. 고대의 화병에 그려진 그림을 보면, 여신이 거위를 타고 달

45| 아쉬타르트는 전쟁과 불요불굴의 여신으로 셈족으로부터 숭앙을 받았던 반면에 성경에서는 '증오'의 대상으로 기술되어 있다.

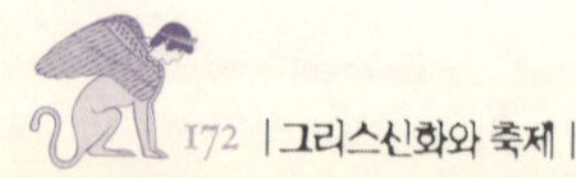

리는 모습을 볼 수가 있다.

아프로디시아 축제는 여신의 새인 비둘기의 피로 정화된 신전에서부터 시작된다. 우선 사람은 제단에 성유를 바른다. 그리고 미의 화신 아프로디테의 성상을 신전에서 목욕시키는 장소까지 나른다. 그리고 목욕재계가 끝나면 성상을 원래 자리에 갖다 놓는다.

✲ 전쟁의 신 아레스를 위한 축제

원래 로마시대의 축제로서, 아레스의 탄생일인 3월 1일에 거행된다. 아레스 신의 로마명은 마르스Mars인데 바로 이 말에서 3월March의 명칭이 유래했다. 아레스 신은 전쟁의 신으로 잘 알려져 있으나, 가정과 밭의 수호신이기도 하다. 비록 시時에서 중요한 역할을 맡고 있을지라도, 스파르타를 제외한 도시국가에서 그는 별로 숭앙받지 못했다. 스파르타에는 사슬에 묶인 아레스 신상이 있다. 그것은 전쟁과 승리의 정신이 결코 도시를 떠나가지 못하도록 붙잡아두기 위함이다. 사람들은 개를 잡아 신에게 희생제물로 바쳤다. 어떤 이는 인신제물도 바쳤다고 믿었다. 파우사니아스는 아테네의 아고라에 있는 아레스 신전이 2세기경에 제거되는 쓸쓸한 광경을 목도했다. 그러나 로마 초대황제 아우구스티누스 통치기에 다시 명예를 회복했다. 로마에게 전쟁의 승리를 가져오는 위풍당당한 영웅 신을 기리는 축제의 날 댄서와 사제는 도시의 거리

전쟁의 신 아레스

곳곳을 돌아다니며 신명나는 춤을 춘다. 갑옷과 투구를 든 사제는 각기 12명씩 조를 이루어 춤을 추는데 무기가 서로 부딪히는 요란한 굉음은 악령을 쫓아내고, 발을 구르며 춤을 추는 것은 땅의 비옥함과 정기를 충만시키는 것으로 여겼다.

　　"아버지 마르스여! 부디 저와 저희 집과 가정에 자비로운 친절을 베풀도록 이렇게 기도하고 간청 드린다오. 그래서 저희 밭과 집과 농장주변에 신성한 봉헌물을 바친다오. 그대는 보이는 질병과 보이지 않은 질병, 황폐함, 파괴 등을 모두 제거하시고, 산 같은 건강과 힘을 저와 저희 가정과 가족에게 주십시오. 이러한 목적을 위해 저희 농장과 땅을 정화시킨다오. 그러니 부디 우리 죄를 속죄하는 의미에서 우리 봉헌물을 받아주시오."

✤ 에베소의 아르테미스 축제Ephesian Artemis

　　달의 여신 아르테미스는 아테네에서 원래 공식적으로 숭앙받는 여신은 아니었다. 일반적인 인지도는 높았지만 단지 부차적 존재였을 뿐이다. 그러나 소아시아의 에베소(현재의 터키지역)에서는 그곳의 토착신과 마찬가지로 열렬하게 숭배되었다. 에베소에서 그녀는 대지의 여신 시벨레와 동일시되었다. 여기서 그녀의 일차적 기능은 바로 '다산'이었다. 그래서 여신은 사내처럼 젊고 씩씩한 사냥소녀 대신에, 매우 육감적이고 풍만한 육체의 성숙한 여성의 이미지로 그려졌다. 초기에 에베소의 아르테미스 신앙은 염소가죽을 올려놓은 나무제단에서 아주 소박하게 출발했다. 나무신으로서의 아르테미스는 새나 기둥의 모티브, 즉 새가 둥지를 틀고 앉아 있는 인공적인 나뭇가지나, 솔방울 달린 주신 디오니소스의 지팡이 티르소스 등과 관련이 깊다.

❤ 세계 7대의 경이 아르테미스 신전

아르테미스 신전은 웅덩이가 있는 습지에 있었고, 건물도 너무 오래 된 것이었다. 그런데 B.C. 358년 7월 21일, 공명심에 불탄 헤로스트라토스Herostratus란 젊은 청년이 이 신전에 불을 질렀다. 그리하여 새로운 아르테미스 신전이 건축되었는데, 나중에 이 신전은 세계 7대 불가사의 중 하나로 손꼽힐 만큼 유명해졌다.

에베소의 아르테미스 신전. 세계 7대 경이 중 하나인 걸작품이다

✤ 아르테미스 신전의 방화

B.C. 358년 에베소의 아르테미스 여신신전은 공명심에 불탄 과대망상증에 걸린 한 젊은이의 방화로 불타버렸다. 바로 이때 마케도니아의 수도 펠라Pella에서는 알렉산더가 출생했다. 왜 아르테미스 여신은 자신의 신전이 방화범에 의해서 불타는 것을 막지 못했는가? 펠라로 가서 신전을 비웠기 때문이라고 한다. 알렉산더 대왕은 페르시아를 패배시키고(B.C. 334년) 에페소를 방문했다. 그리고 불타버린 아르테미스 여신신전을 재건시켜주겠다고 제안했다. 이때 에베소 시민들은 자력으로 신전을 복구하기를 원했으며 알렉산더대왕의 제안을 외교적으로 거절했다. "신(알렉산더)이 다른 신의 신전을 건설한다는 것은 합당하지 않다"는 이유였다.

아르테미스 여신신전을 재건하기 위해 에페소 여자들은 가지고 있던 모든 귀금속을 다 바쳤다. 재건된 아르테미스 여신신전은 아테네에 있는 파르테논 신전보다 4배가 큰 규모였다(이것이 세계 7대 불가사의의 하나됨). 즉 길이는 약 130m, 넓이는 약 70m, 높이 20m, 또한 20m에 달하는 127개의 Ionictlr 석주(기둥)가 신전을 둘렀다.

이 아르테미스 신전은 B.C. 7세기에 창건되고, 6세기, 4세기에 재건되었다. 서기 265년에 또다시 재건된 신전은 기독교가 로마제국의 종교로 지위를 굳이 신전은 에베소의 상징이었고 에베소인들은 스스로 '전각지기temple keeper' 라고 불렀고,[46] 온 아시아에서 많은 순례객들이 모여들었다. 에페소의 은장이들은 아르테미스 여신상을 만들어 순례객들에게 팔아 짭짤한 수입을 올리고 있었다. 여신숭배는 거세된 환관인 고위층 승려나 절대적 독신생활을 고수하는 승려집단이 집행했다. 이러한 고상한(?) 승려계층 외에도 신전수입을 올리기 위해 남자손님들에게 몸을 파는 신전의 매춘부도 많았다.

Ψ 세 개의 행렬

에베소의 축제는 화려한 행렬과 희생제물, 여신의 성상 등 그리스의 그것과 비슷한 점이 많았다. 특히 행렬은 모든 아르테미스 축제의 중요한 하이라이트이며, 에베소 축제의 경우도 예외는 아니다. 세 개의 중요한 행진이 있는데 먼저 피온Pion 산 주변의 행진, 다음은 타르겔리온의 달 6일째 되는 날에 신전에서 오르티기아[47] 동굴까지 행진하는 것이며, 마지막에는 여신을 대표하는 한 여성을 따르는 사냥꾼과 개들·여신추종자의 행진이 있다. 원래 이 마지막 행진은 아르테미스를 구현

46| 사도 19, 35.
47| 시라쿠사에 있는 섬의 하나.

하는 고위층 여사제가 맡았으나, 나중에는 최고미녀를 선발하는 미인
대회로 전락하고 말았다.

Ψ 시벨레 여신의 가슴에 주렁주렁 매달린 솔방울의 정체는?

세계 7대의 경이로 알려진
여신의 신전에는 아르테미스 여신
과 동일시되는, 모든 피조물의 어
머니이며 모든 동물의 여성인 시
벨레Cybele의 신상이 있다. 이 시벨
레의 가슴에 주렁주렁 매달린 원
추형 솔방울은 그녀의 '모성'을 대
표하는 것으로 알려져 있으나, 실
제로는 여신을 섬기는 추종자들

가슴에 솔방울을 주렁주렁
달고 있는 에베소의 여성.
그리스인은 이를 아르테미
스 여신으로 여겼다

사이의 비밀로만 남겨져 있다. 이 의문을 풀기 위해 역사가와 고고학자
는 근원부터 파헤치고 들어갔다. 에베소가 있는 소아시아의 오래 전 지
배자 중에는 아마존 여전사도 있었다. 그들은 토속신앙으로 위대한 어
머니 여신을 모시고 있었다. 여전사들은 남자들과 전쟁을 마치고 돌아
올 때면 전리품뿐만 아니라 적의 상징남근을 잘라 모신에게 바치곤 했
다. 아마존의 시절이 끝나고 리디아인과 카리아인이 에베소를 지배할
때도 그들의 신은 위대한 모신에서 위대한 여신 시벨레로 이름만 바뀌
었을 뿐이었다. 시벨레 여신을 섬기는 가장 열광적인 신도는 자신을 거
세하여 그것을 위대한 여신에게 바치곤 했다고 한다. 거세한 후 그들은
여성의상을 입었고, '여성의 정체성'을 고수했다. 여신이 세상에 모든
생명을 가져오는 것과 마찬가지로, 여신은 그녀 자신과 함께 그것을 다

시 죽음의 세계로 가져간다. 그녀의 신상에는 다리가 없다. 왜냐하면 여신은 대지와 동일시되기 때문에 어디에나 존재하게 마련이다. 여신의 작은 탑 내지 망루 형 왕관은 그녀가 에베소의 보호신임을 상징하는 것이다. 그 당시 여사제를 거세한 환관사제로 강제적으로 대치한 것은 신전 재건축을 예고함과 동시에, 가부장권의 최종적 승리를 의미한다. 그러나 지리학자 스트라본의 관찰에 의하면 여사제가 모두 신전에서 퇴장당한 것은 아니다. 왜냐하면 여신을 기리는 행렬축제에서 여전히 그들의 모습을 볼 수 있기 때문이다.

여사제들은 부어라 마셔라 법석대는 난교파티로 사람을 인도했다. 거기서 사람들은 광란의 음악과 드럼에 맞추어 노래하고 춤추고 진탕 마셔댔다. 또한 여신은 자기 아들 아티스Attis와 관련된 비의秘義와도 밀접한 연관이 있다. 아티스는 거세당했다가 다시 부활한 자로 알려져 있다. 닥틸Dactyls 역시 여신의 수행원이었다. 그리스어로 닥틸은 '손가락'을 의미한다. 닥틸은 시벨레나 레아처럼 위대한 어머니와 연관 있는 오래 된 인종으로 작은 남근의 존재이거나, 크레타 섬에서 갓난아기 제우스를 모셨던 반신반인半神半人의 쿠레스를 가리킨다. 닥틸은 대장장이거나, 병을 치유할 수 있는 마술사들이었다. 또 다른 신화에 따르면 그들은 대장장이 신 헤파이스토스에게 고용되어 있었고, 금속일이나 수학과 알파벳을 인간에게 가르쳤다. 시벨레의 또 다른 종자는 프리기아의 쿠르반테스Phrygian kurbantes이다. 이 쿠르반테스는 볏이 달린 댄서로 밤

아르테미스 여신

새도록 소리치면서 춤추고 노래하며, 특히 드럼 치는 소리, 창이 서로 부딪히는 소리 등을 통해 여신이 주재하는 무아지경의 야단법석 난교 파티에 대한 숭배의식을 초절정으로 표현했다.

이오니아인이 왔을 때 그들은 자신의 여신 아르테미스의 이미지를 종래의 현지여신과 융화시키지 않으면 곤란하다는 것을 깨닫게 되었다. 게다가 처녀신 아르테미스는 사냥의 신으로 살아 있는 제물을 좋아하는 이미지를 갖고 있다. 아마존 여전사의 전리품과 사제의 자기 거세, 사냥여신의 기호 등을 놓고 생각할 때, 여신의 가슴에 달린 것의 정체는 대충 인간이나 동물의 수컷에 달려 있는 것이 아닌가 하고 추측하는 모양이다. 토속신앙과 이민자의 신앙이 절묘한 조화를 이루는 것이 자못 흥미롭다.

❋ 모우누키아 Mounukhia

이 축제는 달의 여신이며 동물의 여성인 아르테미스를 위한 축제이다. 사람들은 작은 횃불dadia이 꽂힌 둥근 케이크 암피폰Amphiphon을 나르는 행진을 한다. 이 케이크는 여신 아르테미스에게 봉헌된다. 고대에는 암컷 염소가 아르테미스의 희생제물로 사용되었다. 그러나 후대로 내려오면서부터 사람들은 염소 대신에, 염소 형상을 한 케이크나 여신에게 신성한 존재인 종려나무 가지를 고이 갖다 바쳤다.

횃불을 든 아르테미스 여신. 두 개의 횃불을 가지고 다니는 주술·교차로의 여신 헤카테와 동일시되기도 한다.

신석기 시대 부족에게 가장 중요했던 야생동물을 축성하는 의미에서, 야생동물 감사전시회

및 기도식이 열린다. 여기서 곰 여성Arktoi으로 선발된 여성은 10세 가량의 앳된 어린 소녀이다. 이 소녀는 완전 나체이거나 튜닉saffron khitones을 걸친 상태에서 앙징맞은 춤을 춘다. 소녀는 머리에 잎으로 만든 관을 쓰고 횃불이나 나뭇가지를 날랐다. "아르테미스, 친애하는 여주인이시여! 나는 그대에게 이 케이크를 바치노라." 이 케이크를 암피폰Amphipon이라고 하는 이유는 '이중 빛에 의해 빛나는'이란 뜻이 숨어있기 때문이다. 이 케이크는 해와 달이 동시에 비칠 때 바쳐진다.

✳ 아르고스 축제

아르골리스에는 헤라를 위한 축제가 많았으나 오늘날에는 오직 한 개의 축제만이 알려져 있다. 그것은 아르골리스의 수도 아르고스에서 거행된 축제이다. 소는 헤라여신의 신성한 동물이다. 축제의 날 100여 마리 정도의 소가 아르고스에서 헤라의 주 신전인 헤라이온Heraion으로 행진을 한다. 헤라이온은 아르고스 북쪽의 20km 떨어진 곳에 있다. 이 행렬은 헤라의 여사제이 주관하는데, 소가 끄는 신성한 4륜 마차 위에는 헤라여신의 위풍당당한 초상화가 걸려있다.

사모스의 헤라이온

축제의 참가자는 희생제물로 바친 짐승고기를 먹고, 아고스 시민에게도 이를 나누어 준다. 이 축제는 매우 중요한 행사였으나, 과연 헤라

의 마크인 신성한 결혼제전과 어떤 상관이 있는지는 아직 밝혀지지 않
고 있다.

✳ 사모스 축제

헤라는 최고신 제우스의 아내이며 누이이기도 하다. 제우스의
끊임없는 연애행각에 대항한 헤라의 집요한 질투극은 그리스 신화의
주요테마이기도 하다. 고고학적 발굴에 의해 발견되는 그녀의 거대한
신상은 그녀가 거인족의 일족임을 잘 반영해준다. 크고 아름다운 황소
의 눈을 가진 여신 헤라는 "내가 가장 사랑하는 세 개의 도시는 아르고
스, 스파르타, 미케네"라고 말한 적이 있다(『일리아드』중에서). 헤라의 또
다른 숭배지는 바로 고대 이오니아 문화의 중심지였던 사모스이다. 그
리스 신화에 의하면 사모스는 여신의 탄생지이다. 여신은 이곳에서 태
어났고, 이곳의 강물에서 목욕을 했다. 또한 제우스와 처음으로 사랑을
나눈 장소도 바로 이 곳이었다. 사모스 축제는 신의 어머니이며 가정과
결혼의 신인 헤라의 신성한 결혼을 기리는 축제이다. 이 축제의 특이한
점은 신랑이 전혀 보이지 않는다는 점이다. 대장장이 신 헤파이스토스
가 오로지 여신의 혼자 힘으로 낳은 자식이란 설도 있듯이, 이는 헤라
여신의 '독립성'에 대한 명백한 표시이다. 어쩌면 초기 여성이 동등한
기회를 얻기 위해 투쟁을 벌였는지도 모를 일이다. 헤라의 여사제와 조
수는 아주 오래 된 헤라 신전에서 헤라의 나무그림을 해변으로 가져다
가 깨끗이 목욕시킨다. 그들은 또한 신부의 침상 위에 제물로서 결혼쿠
키를 올려놓는다. 이는 여신이 신랑을 맞이할 수 있도록 하기 위한 세
심한 배려이다. 얼마 정도 시간이 지나면 여사제와 조수들은 다시 돌아

와 헤라의 나무그림을 행렬을 통해 다시 신전에 갖다 놓는다.

✳ 타나리아 축제

포세이돈은 제우스 다음가는 권력의 제2인자였다. 황소는 그의 동물이며 무기는 삼지창이다. 그의 황금마차가 바다로 지나가면, 사나운 폭풍우가 그대로 조용히 가라앉았다. 그는 제우스의 형이라서 그런지 수염 기른 노인으로 곧잘 묘사되기도 하는데, 어느 날 바닷가에서 놀고 있는 바다요정 암피트리테에게 홀딱 반해 청혼을 했다. 평생 독신으로 지내고 싶어했던 암피트리테는 청혼을 거부하려고 숨어 지냈으나, 돌고래들의 고발(?) 때문에 포세이돈에게 발각되었다. 그래서 둘은 마침내 결혼하게 되었고, 그 고마움의 표시로 그는 돌고래를 하늘에 별자리로 박아주었다. 이것이 '돌고래자리' 이다.

바다의 주인 포세이돈을 기리는 타나리아Tanaria 축제는 매년 포세이돈 신전에서 거행되었다. 이 축제에서는 모든 사람이 각기 제 역할을 맡는다. 가령 행렬에 참가하는 사람은 누구나 포세이돈 초상화를 들고 나른다. 포세이돈 신전 주변에서 많은 황소상이 복구되었는데, 원래 황소는 포세이돈에게 바치는 가장 흔한 제물이었다. 황소에 얽힌 포세이돈 신화는 다음과 같다.

크레타의 왕인 미노스는 형제와 왕위를 놓고 다툴 때 자

바다의 신 포세이돈과 배우자 암피트리테

신이 왕위에 어울리는
자라는 것을 증명할 수
있는 징표를 보여 달라
고 포세이돈에게 빌었
다. 포세이돈은 이 기도
를 들어주어 황소 한 마
리를 보냈다. 바다로부

포세이돈의 연인 암피트리
테

터 걸어 나오는 황소의 아름다운 모습에 사람들은 모두 얼이 빠졌다.
이렇게 해서 미노스는 왕이 되었으나, 그 황소가 아까운 나머지 포세이
돈에게 제물로 바치지 않았다. 포세이돈은 이에 발끈하여 미노스의 아
내인 파시파에게 황소에 대한 연정을 품도록 했다. 파시파에가 황소와
통정하여 낳은 자식이 황소 괴물 미노타우로스Minotaur이다. 미노스는
이 미노타우로스가 너무도 보기 싫어서 천재 건축가 다이달로스가 만
든 미궁 속에 가두어 버렸다. 그러나 해마다 청춘남녀를 제물로 바쳐야
했다. 후에 미노타우로스는 포세이돈의 아들인 영웅 테세우스에 의해
죽음을 맞이했다.

　　　　그러나 펠로폰네소스 지방에서는 말이 포세이돈에게 바치는 가
장 흔한 제물이었으므로, 타나리아 축제 때에 말과 황소를 번갈아가며
바쳤을 것으로 추정한다. 판조닉 축제Panjonic feast 역시 포세이돈을 기리
는 축제이다. 이 축제에 대해서는 별로 알려진 바가 없으나 축제기간
중에 체육대회가 열렸던 것 같다. 축제가 거행되는 미칼레Mycale 지역
에는 달리 번듯한 신전건물이 없었기 때문에 사람들은 텐트를 치거나
가건물에서 축제를 열었다. 판조닉은 이 지역의 연방축제였기 때문에
참가하는 도시국가마다 자기 구역을 할당받았다. 포세이돈 축제는 이
처럼 신전이 없는 신성한 구역에서 개최되는 경우도 많았다.

✳ 디이소테리아 Diisoteria

제우스

이 축제는 최고신 제우스를 기리는 축제이다. 그러나 제우스뿐만 아니라 아테네 시의 수호신인 아테네 여신, 그리고 기타 건강의 신도 함께 기념했다. 아티카의 주요한 국가행사였음에도 불구하고, 축제에 종교적인 내용은 별로 없었다. 축제는 제우스에서부터 출발하여 그리스 동남부의 항구도시로 아테네의 외항인 피레에푸스까지 행진으로 시작됐다. 이 행진은 최고의 문관이며 사법관이었고, 입법회의와 민회를 주재하는 가장 높은 에포니무스 아르콘이 주관했다. 행진은 징병자 Ephebians가 리드했는데 그들은 황소를 제단으로 가져간다. 축제는 보트경주로 최종 막을 내렸다. 이 축제의 장소는 제우스 소테르(구세주라는 뜻) 신전이다. 당시 희생제물로 바쳐진 소가 어마하게 컸던만큼 사람들은 축제기간 중에 마음껏 포식할 수 있었다.

✳ 소시폴리스 Sosipolis

소시폴리스 역시 다산의 신으로서 최고신 제우스를 기리는 축제이다. 이 축제는 '크는 황소 축제' 라고도 한다. 축제는 가을과 봄 축제로 나뉜다. 새로운 달이 뜨는, 즉 파종시기를 의미하는 10월 축제에서는 젊은 황소가 행진에 참여한다. 이제 막 한창 자라는 이 황소는 제우스에게 바쳐질 희생제물이다. 이 축제의 주요 모티브는 좋은 파종을 위한 기원에 있다. 황소는 겨울동안 살찌도록 사육되기 때문에, 농작물 성

제우스 반신상

장의 상징이라 할 수 있다. 즉 황소의 성장은 농작물의 성장조건을 예고하는 것이다. 축제의 두 번째 파트는 이 소가 희생되는 것이다. 그것은 추수 이전의 4월에 열리며, 이것이 바로 축제의 하이라이트이다. 디폴리에이아Dipolieia 역시 제우스를 심기는 축제이나. 7월 1일 아테네의 아크로폴리스에서 거행되었다. 디폴리에이아는 '도시신의 축제' 라는 의미이다. 부포니아Bufonia라고도 하는데, 이는 '황소 도살자' 란 의미가 있다. 제우스의 제단에는 옥수수가 제물로 올라가 있다. 그러면 어디선가 황소 한 마리가 달려와서 그 옥수수를 먹어치우기 시작한다. 그러면 한 남자가 나타나서 그 소를 도륙한 다음 어디론가 흔적도 없이 사라진다. 그리고 나서 재판이 이루어지는데, 소를 죽인 남자가 사라졌기 때문에 그가 남긴 무기가 대신 유죄판결을 받는다. 학자 사이에서는 이러한 의식이 과연 최고신 제우스를 모시기에 합당한 제전인지, 또 그 진정한 의도가 무엇인지 해석이 구구하나 아직까지 명쾌한 답변은 내려지지 않았다.

✳ 고대 그리스의 삼하인Samhain 축제

오리온자리

고대 그리스 축제는 음력에 따라 거행되므로 양력과는 잘 맞지 않는다. 그래서 과연 어떤 축제가 삼하인 축제와 일치하는지 정확히 알기가 어렵다. 삼하인 축제는 겨울의 시작을 축하하여 11월 1일 무렵 거행되었던 고대 켈트족의 축제다. 호머시대에 11월 초순경, 즉 '겨울의 시작'을 알리는 별자리는 아름다운 히아데스Hyades성단과 플레이아데스Pleiades, 그리고 오리온 성단이다. 오리온은 바다의 신 포세이돈과 아드리아네의 자매이자 미노스왕의 딸인 에우리알레의 사이에서 태어난 아들이다. 어떤 전설은 머리털이 뱀이며 그 눈을 본 사람은 돌로 변했다고 하는 세 자매 괴물의 하나인 고르곤이 오리온의 어머니라고 주장하기도 한다.

고대 그리스시대에 몇몇 축제는 10월 말에서 11월 초에 거행된다. 그 중 두 개의 축제가 같은 날 동시에 열렸다. 즉 그리스력으로 퓌아넵시온Puanepsion월의 7일이다. 그리고 다음날 테세이아Theseia라는 축제가 뒤따르는데, 이는 전날 열린 두 개의 축제와 상당히 긴밀하게 연결되어있다.

❋ 오스코포리아Oskhophoria

디오니소스를 기리는 오스코포리아는 퓌아넵시아와 같은 날 거행된다. 이처럼 같은 날 너무나 대조적인 두 신을 기리는 행사는 좀 이상하게 들릴지 모른다. 그러나 이 두 남신은 델포이신전을 공유했다. 우리는 그리스 고대항아리에서 아폴론 신전 델포이에서 세계의 중심으

로 여겨졌던 원추형 돌 옴팔로
스 너머로 악수를 나누는 두
신의 모습을 볼 수가 있다. 이
날은 오스코포로이Oskophoroi
라는 남성 두 명이 발목까지
오는 긴 튜닉을 입고 여장을
한 채 행렬을 리드한다. 이 두
청년은 제물로 바쳐지는 처녀

주신 디오니소스

를 보호하기 위해 일부러 여장한 아테네의 영웅 테세우스를 기념하는
것이다. 그들은 포도송이가 달린 포도나무가지를 나른다. 그들을 따르
는 다른 일행은 화환으로 감싼 지팡이를 나르는데, 이것은 부친의 죽음
으로 슬픔이 교차하는 테세우스 귀환의 승리를 표현하는 것이다. 이 행
렬에는 또한 '만찬운반' 도 포함되어 있다. 여성들은 고기와 빵을 대표
하는 신성한 음식을 나른다. 축제기간 중에는 부모에게는 자녀한테 당
시 테세우스를 따라갔던 14명의 아이들 이야기를 해줄 것을 적극 권장
했다. 디오니소스 신전에서 시작한 행렬은 아테네 스키라 사당에 도착
한다. 그것은 테세우스의 귀환과 죽었다가 다시 부활한 디오니소스를
상기시키는 것이다.

❋ 테세이아

테세이아Theseia는 아테네인의 은인이며 영웅인 테세우스를 기리
는 축제이다. 축제기간 중에 행진과 희생제, 각종 운동경기 등이 벌어
진다. 그런 연후에 신성한 음식, 즉 희생된 제물의 고기와 껍질을 벗긴
밀과 우유죽을 사람에게 나누어준다.

Ψ 소와 사랑에 빠진 파시파에

우로페(Europa)를 납치해가는 흰 소로 변신한 제우스. 그녀의 이름에서 '유럽' 이란 이름이 유래했다고 전해진다

크레타의 미노스 왕은 에우로페와 미끈한 흰 소로 변장한 제우스 사이에서 난 아들이다. 그런데 미노스는 삼촌뻘이 되는 바다의 신 포세이돈의 비위를 건드렸다. 그는 포세이돈에게 가장 아름다운 소를 바치기로 했는데, 인색했던 미노스는 그 약속을 지키지 않았던 것이다. 그러자 포세이돈은 미노스의 부인 파시파에와 그 소를 사랑에 빠지게 했다. 파시파에는 미의 여신 아프로디테의 제식도 소홀히 했기 때문에 그런 벌을 받은 것이라 한다. 그 결과 파시파에는 반인반수의 끔찍한 괴물 미노타우로스를 낳았다. 미노스는 고대의 가장 뛰어난 건축가인 다이달로스에게 저승의 왕 하데스 왕국과 같은 복잡한 구조의 미궁을 짓도록 명했다. 그리고 그 궁이 완성되자 그 처치곤란의 괴물 미노타우로스를 그 속에 영구히 가두어버렸다. 그 궁전은 그 속에 들어가기는 쉬우나, 한번 들어가면 누구도 빠져나올 수 없는 신비의 미로였다.

Ψ 아테네와 미노스의 갈등

당시 아테네와 미노스 양국은 여러 가지 이유로 분쟁을 겪었다. 아테네에서 추방당한 다이달로스는 미노스에게 수치를 안겨 준 장본인

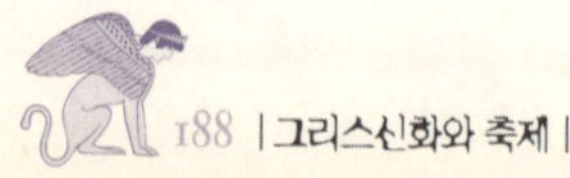

이었다. 그는 기발한 기구를 발명
하여 파시파에와 소와의 기상천외
한 정사는 물론이고, 파시파에의
해산까지 거드는 수고를 해주었
다. 또한 그는 미노스의 미로왕궁
을 세우는 데도 적극 협조했다. 한
편 미노스 왕은 아들 안드레게오

우두인신의 괴물 미노우타
로스

스를 아테네에서 열리는 운동경기에 내보냈다. 안드레게오스가 '아테
네인을 위한 판아테나이아제에서' 그리스 사람을 모두 물리치고 월계
관을 독차지하자 화가 난 아테네 왕 아이게우스가 그를 죽였다. 미노스
왕은 함대를 보내 아테네를 굴복시키고, 9년마다 일곱 청년과 일곱 처
녀를 바치라고 요구했다.

　　앞에서 설명한 바와 같이 제우스의 아들인 미노스는 아테네의
수호신인 포세이돈과 갈등의 골이 매우 깊었다. ― 아테네 여신과 포세
이돈이 아테네 수호신의 최고자리를 놓고 서로 경합을 벌였던 일을 한
번 상기해보라! 극심한 가뭄으로 고생하던 아테네인들이 아폴론 신탁
을 찾았을 때, 신의 대답은 이러했다. 즉 '미노스의 불편한 심기를 달래
주어야 한다' 는 것이다. 그래서 아테네인은 9년째 되는 해마다, 아테네
귀족가문에서 선발된 7명의 청년과 7명의 처녀을 미노우타로스를 위한
산 제물로 바쳐야했다.

ψ 테세우스

　　여기서부터 영웅 테세우스가 등장하여 맹활약한다. 그는 아이게
우스의 아들로 알려져 있으나, 실제 아버지는 바다의 신 포세이돈이라

테세우스

한다. 그의 어머니 아이트라는 아이게우스와 성관계를 갖은 후, 혼자 바다를 산책하다가 포세이돈을 만나 임신을 했다. 미노스가 또 다시 14명 아테네의 청춘남녀을 조공으로 요구했을 때, 아버지 아이게우스의 뒤를 이어 후계자가 된 테세우스는 국민의 고통을 덜어주기 위해 자진해서 희생될 한 사람으로 나섰다. 14명의 소년과 소녀의 부모는 크레타 섬으로 실어 나르던 아테네 선박까지 음식을 정성스럽게 날랐고, 비탄에 잠겨 있음에도 불구하고 구수한 노래와 이야기를 들려주며 자녀들을 격려했다. 그 당시 젊은이를 실어 나르던 배가 돌아올 때면, 애도의 표시로 검은 돛을 달곤 했다. 테세우스는 아버지에게 자기가 승리하고 돌아올 때 흰 돛을 달고 오겠다고 약속했다.

어머니 아이트라가 테세우스에게 칼과 샌들이 묻힌 곳을 가르쳐주고 있다

❖ 칼과 샌들

아테네의 가장 위대한 영웅 중 한 명인 테세우스는 아테네의 왕 아이게우스의 아들로 태어나 어머니 아이트라의 고향인 트로이젠에서 자랐다. 아이게우스는 아들이 태어나기 전 아내와 작별할 때 그의 칼과 샌들을 큰 돌 밑에 넣어 두고는 아들이 커서 그 돌을 움직여서 그 밑의 물건을 꺼낼 정도가 되거든 아들을 자기에게 보내라고 했다. 테세우스가 성장하자 어머니는 아이게우스가 지정한 곳으로 그를 데리고 갔다. 테세우스는 쉽게 큰 돌을 들어 올려 칼과 샌들을 꺼냈다.

검은 돛을 단 배가 크레타 섬에 당도했을 때, 미노스는 일곱 처녀 중 한 사람인 에리보이아에게 성희롱을 했다. 그러자 테세우스는 포세이돈 아들의 권위로 이를 저지했다. 미노스는 자신이 최고신 제우스의 아들임을 내세우며, 그 증거를 아버지에게 요구했다. 그러자 제우스는 곧 즉시 천둥으로 화답했다. 이에 힘을 얻은 미노스는 바다에 손에 끼고 있던 금반지를 던지며, 테세우스에게 포세이돈의 아들이라는 증거로 이를 다시 찾아오라고 명을 내렸다. 테세우스는 즉시 바다 속으로 뛰어들었다. 돌고래에 의해 아버지 포세이돈에게로 인도된 그는 금반지뿐만 아니라 바다의 여신이자 포세이돈의 정처인 암피트리테가 주는 왕관과 자주색의 왕실겉옷을 선물로 받아가지고 돌아왔다. 아테네 여신 역시 그를 격려했다. 그기 이리한 보물을 기지고 디시 베로 돌이왔을 때, 그의 계보는 확실히 인정되었다.

Ψ 아리아드네

아리아드네는 미노스 왕과 태양의 딸 '온 누리에 비치는 빛'이란 뜻의 파시파에의 딸이었다. 그녀의 이름은 '매우 신성한'이란 의미가 담겨 있다. 미로의 여주인인 그녀는 아버지의 부패한 궁으로부터 탈출하고 싶다는 내면의 소망을 지니고 있었다. 배에서 내리는 테세우스의 늠름한 모습을 보았을 때 그녀는 즉시 사랑에 빠졌으며, 그를 탈출수

테세우스와 아리아드네

미궁 속으로 들어가는 테세우스에게 실을 건네주는 아리아드네

단으로 여겼다. 그녀는 미궁의 설계자였던 다이달로스와 상의를 했다. 미궁을 탈출하는 방법은 단 한 가지밖에 없었다. 왔던 길을 그대로 돌아나가는 것뿐이었다. 그녀는 '아리아드네의 실'이란 방법을 고안해냈다. 테세우스는 그녀가 가르쳐준 대로 실타래를 잡고 미궁 속으로 들어가 미노우타로스를 처치한 다음, 실을 따라 걸어 나옴으로써 복잡한 미궁을 확실하게 탈출할 수 있었다. 아리아드네는 아프로디테의 원형 황금관을 갖고 있었다. 그것은 디오니소스가 사랑의 표시로 미의 여신에게 준 것이었다. 그녀는 그것을 테세우스에게 주었고, 아리아드네의 관은 찬란한 빛으로 그의 어두운 미로여행의 횃불이 되어주었다.

괴물을 처치한 후 테세우스는 아리아드네의 빛나는 눈동자 앞에서 아테네인들이 준 리라로 연주를 했다. 그리고 볼모로 잡혀왔던 14명의 아테네의 젊은 쌍들은 리라의 장단에 맞추어 현란한 '미궁의 춤'을

인신우두의 괴물 미노우타로스를 죽이는 테세우스

테세우스와 함께 추었다. 아리아드네는 승리의 표시로 그녀의 황금왕관을 테세우스의 머리 위에 당당하게 씌어주었다. 아리아드네와 함께 귀항하던 아테네인은 이상기류 때문에 디아Dia섬에 불시착하게 되었다. 거기서 테세우스와 아리아드네는 '마시면 곧 잠에 빠져드는 부드러운 와인'을 마시

게 되었다. 두 사람이 깊은 잠이 들었을 때, 디오니소스가 테세우스의 꿈에 나타나 아리아드네 공주가 자기 신부라고 주장했다.

그가 잠에서 깨어났을 때, 푸른 눈의 아테네 여신이 그를 끌고 어디론가 사라졌다. 그리고는 그의 운명은 아테네에 있으므로, 아리아드네를 여기에 버려두고 떠나야 한다고 일러주었다. 테세우스는 하는 수없이 여신의 명령대로 잠든 아리아드네를 섬에 둔 채 배에 올라탔다. 그리고 배는 곧 아테네 해안에 당도했다.

테세우스가 떠난 후 흑표범이 이끄는 전차를 탄 디오니소스가 도착해서 그녀를 흔들어 깨웠다. 그때 테세우스가 탄 배는 그녀의 시야에서 막 사라지려는 찰나였다. 그녀는 신에게 컵을 제공했고, 신은 그것을 자신의 신성한 와인으로 가득 채웠다. 그리고 나서 그는 시랑의 관을 그녀에게 돌려주었다. 그리고 두 사람은 하늘로 올라갔고, 아리아드네의 관 역시 천공에 박히게 되었다. 그녀는 올림푸스 신의 아내가 되어, 그와 함께 영원히 살았다. 아리아드네는 와인과 포도송이를 의미하는 두 명의 아이들을 낳았다.

테세우스는 그녀를 잃은 지나친 슬픔 탓인지, 아니면 아테네여신이나 디오니소스 신이 그의 기억을 말끔히 지워버린 탓인지 아리아드네를 곧 잊어버렸다. 그는 아버지 아이게우스에게 성공하고 돌아오면 반드시 흰 돛을 달고 오겠다고 철석같이 약속했으나, 그는 이것마저도 잊어버리고 말았다. 아이게우스 왕은 수평선에 나타난 검은 돛을 보자 비관한 나머지 니케 여신상이 서 있는 아테네 신전의 아크로폴리스에서 투신자살하고 말았다. 그래서 테세우스는 아테네의 왕이

디오니소스와 아리아드네

되었다. 배가 육지에 닿았을 때, 테세우스와 14명의 남녀는 콩과 야채, 곡물을 넣고 솥에 끓인 죽을 공물로 바쳤다. 승리의 표식으로 월계관을 가지고 마중 나온 아테네인으로부터 아버지의 부고를 듣자, 그는 관을 쓰기를 거부했다. 도시에 들어간 아테네의 자녀는 늙은 왕의 죽음을 애도하고, 또 새로운 왕의 등극을 축하하는 의미에서 거리행진을 했다. 이것이 테세이아 축제의 기원이다.

✲ 엘레우시스 비의

엘레우시스 비의는 고대그리스에서 데메테르와 페르세포네 이 두 여신을 기리기 위해 5년마다 개최된 일종의 종교입문식이다. 고대에 거행된 비의 중 가장 중요한 의식 가운데 하나였다. B.C. 1500년에 시작되어 후일 로마시대까지 전파되었다. 의식이나 제례, 교리 등은 철저히 비밀에 붙여졌다. 왜냐하면 이 종교입문식은 신과 숭배자를 하나로 합일시켜주고 신성한 힘과 사후 생명의 보장을 기약했기 때문이다. 그레고리우스력에 따르면, 엘레우시스 비의가 거행되는 날짜는 9월 14일에 해당한다. 엘레우시스근대에는 엘레프시나는 아테네의 북서쪽에서 대략 30km 떨어진 곳에 위치한 작은 마을이며, 밀과 보리를 생산하는 한적한 농촌이었다.

✲ 신화

트립톨레무스Triptolemus는 데메테르 여신으로부터 밀 다발을, 또한 페르세포네로부터 축복을 받았노라.

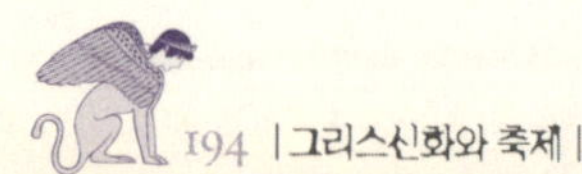

엘레우시스 비의는 생
명·농업·다산의 여신인 데
메테르 전설에 근거하고 있다.
즉 데메테르가 저승의 신 하데
스에게 납치당한 딸 페르세포
네를 다시 자기 품안에 돌아오

게 하는 에피소드를 그 핵심주제로 삼고 있다. 어느 화창한 봄날 데메
테르의 딸인 페르세포네가 친구와 함께 꽃을 따고 있었다. 저승의 왕
하데스는 천진난만한 그녀를 발견하고 한 눈에 반해버렸다. 그래서 그
는 그녀를 쥐도 새도 모르게 저승으로 납치해버렸다. 그리스 신화에서
는 납치, 강간의 테마가 그다지 어렵지 않게 등장한다. 최고신 제우스
도 납치, 강간이라면 둘째가라면 서러울 정도로 전문가였다. 데메테르
는 행방이 묘연한 딸을 사방으로 찾아다녔다. 비탄에 잠긴 그녀는 자기
임무인 농업을 소홀히 했다. 그것은 지상에 가뭄이란 무서운 재앙을 초
래하여, 많은 사람들이 헐벗고 굶주렸다. 그리스에서는 여름이 보통 건
기이지만, 이 가뭄의 재앙은 겨울과 연결되어있다. 하데스의 납치극으
로 인해, 최초로 지상에 혹독한 겨울이 찾아왔다는 것이다. 이집트 여
신 이시스가 남편 오시리스의 시신을 찾아 헤매면서 그러했던 것처럼,
데메테르 역시 딸을 찾아다니면서 수많은 작은 모험들을 겪는다. 그녀
는 트립톨레무스에게 농업의 비밀을 전수했다. 그녀는 결국 제우스에
게 문의해서 딸과 다시 상봉했고, 지상은 이전의 신록과 번영을 되찾았
다. 페르세포네가 그녀의 어머니 품으로 돌아가기 전에, 음흉한 하데스
는 그녀에게 석류를 건네주었다. 페르세포네는 무심코 그 빨간 석류 알
을 입속에 넣었다. 저승에서 음식을 먹은 자는 누구든지 저승을 떠날

저승의 왕 하데스와 페르세
포네의 연회

페르세포네의 귀환

수가 없다. 그 결과 페르세포네는 다시 저승으로 귀환해야 할 처지가 되었다. 원래 페르세포네는 하데스와 넉 달, 데메테르와 넉 달을 의무적으로 지내야 했다. 그리고 나머지 넉 달은 그녀의 선택권 내에 있었는데, 그녀는 어머니와 함께 살기로 정했다. 그래서 그녀가 어머니와 함께 있는 여덟 달은 성장과 풍요의 계절이며, 나머지는 불임의 계절이 되었다는 것이다. 저승의 왕 하데스와 페르세포네가 함께 지내는 넉 달은 그리스 여름의 건기에 해당한다. 즉 극심한 가뭄으로 식물이 생존을 위협받는 시기이다. 가을에 첫 단비가 내리면 페르세포네가 저승에서 다시 돌아와 새로운 성장주기가 시작된다. 엘레우시스의 비의는 페르세포네의 귀환을 축하하는 축제이다. 그것은 겨울철 땅속에서 동면하는 씨앗처럼, 어두운 저승에 갇혀 있다가 돌아온 식물과 생명의 귀환이기도 했다. 그녀의 재탄생은 봄철에 모든 생명의 재탄생을 의미했다.

❊ 엘레우시스 비의

데메테르에게 바치는 호머의 송시에 따르면 켈레우스 왕이, 디

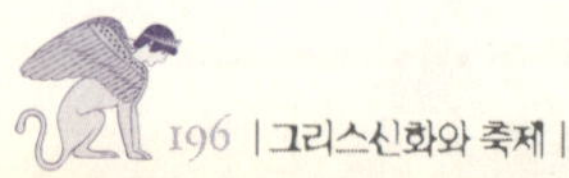

오클레스, 에우몰포스 등 데메테르 사제와 더불어 데메테르의 신비한 제식을 배운 최초의 인간이었다. 페이시스트라토스의 참주시대에 엘레우시스 비의는 범그리스적인 행사가 되었다. 엘레우시스 비의에 참가하려고 전국에서 사람들이 몰려들어 그야말로 문전성시를 이루었다. B.C. 300년경에 국가가 엘레우시스 비의를 장악했다. 두 가문이 비의를 주관했는데, 이로 인해 비의입문자 수가 쇄도했다. 멤버십의 유일한 조건은 '손에 피를 묻히는' 살인죄를 저지르지 말아야하고 또 '야만인'이어서도 안 된다. 즉 엘레우시스 비의는 그리스어를 할 줄 알고 불의의 살인을 저지르지 않았으면, 여자는 물론 노예나 아테네인 말고도 그 어떤 외국인도 전부 참석할 수 있었다. 그런데 2000년 동안 매년 1000여 명이 넘게 입문했는데 그들 모두의 입에서 결코 그 결정적인 비밀이 새 나오지 않았다! 물론 아주 간혹 가다 어떤 이가 일부 관련사실을 누설해서 사형에 처해지기도 했지만, 그 무수한 사람이 한결같이 비밀을 엄수했다는 것은 실로 그 자체가 놀라운 일이 아닐 수 없다.

Ψ 참가자

엘레우시스 비의에 참가하는 사람은 모두 네 등급으로 나뉘어있다. 첫째 사제와 여사제, 신비의식의 최고사제 등이다. 둘째, 처음으로 비의를 체험하는 입문자이다. 셋째, 이미 비의에 한번 참가했던 자이다. 그들은 네 번째 등급에 자격이 있다. 넷째는 이미 데메테르의 대大 비의를 체험한 자이다.

Ψ 비밀

엘레우시스의 비의는 결코 문자로 기술된 적이 없다. 오직 참가자만이 신성한 괘kiste와 뚜껑 달린 바구니kalathos의 정체가 대관절 무엇이며, 또 그 안에 무엇이 들어 있는지 알 수 있었다. 그 내용물은 아직까지 불가사의한 미스터리에 휩싸여 있다. 아마도 영구히 미스터리일 것이다.

⊌ 두 개의 엘레우시스 비의

엘레우시스 비의는 미테네 문명시대인 B.C. 1500년경에 시작되었다고 한다. 거의 2000년이란 긴 세월 5년마다 열렸다. 비의는 아그라이란 곳에서 앞서 거행되는, 바다에서 몸을 씻는 소小비의와 그런 소비의를 끝마친 자에 한해 엘레우시스에서 거행되는 대大비의, 이렇게 둘로 나뉜다. 대비의에서는 우선 수일에 걸쳐, 페르세포네를 찾아 헤매는 데메테르를 흉내 내고 기념하는 다양한 의식을 수행하는 데 마지막 날 밤 텔레스테리온이란 비의의 신전내부에서 거행되는 의식을 통해 그 정점을 맞이하게 된다. 테일러에 따르면, 소비의는 육체에 종속된 영혼의 불행을 의미한다. 대비의는 물질적 오염으로부터 심신이 정화되고 정신적 비전의 실체로 고양될 때, 매우 신비하고 장려한 비전을 통해 넌지시 계시되는 것이다. 그는 또한 플라톤을 언급했다. 엘레우시스 비의에 직접 참가했던 플라톤의 증언에 의하면 "비의의 목적은 우리가 유래한 원리로 우리를 인도하는 것이며, 그것은 지적 또는 정신적 선의 완벽한 향유를 의미한다." 소비의는 안테스테리온의 달(3월)에 거행되었으나, 대비의처럼 정확한 시기가 항상 정해진 것이 아니라, 간간이 날짜가 바뀌었다. 비의의 입문을 위해 사제는 후보자를 정화시켰다. 그들은 데메테르 여신에게 돼지를 봉헌한 다음 그들 자신을 스스로 정화시켰다.

　　대비의는 아테네력의 첫 번째 달인 보에드로미온 Boedromion의 달에 열렸다. 그 것은 늦여름에 해당하며 10 일 동안 계속되었다. 대비의

제단으로 희생양을 데려가는 사람들(기원전 6세기경 코린트의 프레스코벽화)

의 1막은 엘레우시스로부터 아크로폴리스에 있는 엘레우시니온이란 신전까지 성물들을 옮기는 것이다. '아기르모스Agyrmos'라는 보에드로미온 달 15일째 되는 날, 사제들은 비의의 개막을 선언한다. 그리고 동물을 바치는 희생제식을 치루며, 팔레론이라는 바다에서 정갈하게 목욕재계한다. 19일째 되는 날 사람들은 바코이bacchoi라는 나뭇가지를 흔들면서 '신성한 길'을 통해 엘레우시스까지 단체로 행진한다. 그들은 어떤 지점에 이르게 되면 이암베Iambe라는 노파를 기리는 의미에서, 거리에서 몰려든 행인들에게 마구 욕설을 퍼붓는다. 이 노파는 딸을 잃고 슬퍼하는 데메테르 여신에게 더러운 농담을 내뱉음으로써, 여신을 절로 미소 짓게 만들었다. 사람들은 그때 '이아케Iakche!'라 일제히 외쳤는데, 아마도 디오니소스의 별명인 이아쿠스Iacchus이거나, 다른 신성神性 또는 페르세포네나 데메테르의 아들의 이름일 것으로 추정한다. 엘레우시스에 도착하면 페르세포네를 찾으러 다니면서 곡기를 끊었던 데메테르를 추모하는 단식일이 있다. 보리와 박하식물류로 만든 키케온 Kykeon이란 특수한 음료를 마시면서 이 단식행사는 끝난다. 20, 21일째 되는 날 입문자들은 텔레스테리온이란 커다한 홀에 들어간다. 중앙에는 아낙토론궁전이 있는데, 그 장소는 오직 최고사제만이 들어갈 수 있다. 그곳에 신성한 성물이 안치되어있기 때문이다. 여기서 입문자들은 데메테르의 성물을 직접 목도하게 된다. 이것이 엘레우시스 비의의 가

장 비밀스런 하이라이트 부분이나, 여기서 본 것은 결코 누구에게도 발설하면 안 되었다. 이를 발설한 자는 사형이란 무거운 형벌을 받았다. 그러나 토머스 테일러는 괘 속에 신비한 황금의 뱀과 알, 남근, 또 데메테르 여신에게 신성한 씨앗 등이 들어 있다고 기술했다. 2세기경에 활약한 그리스의 기독교철학자 · 변증가인 아나타고라스(?~190?)는 무신론자 디아고라Diagora가 엘레우시스 비의의 비밀을 누설했기 때문에 사형을 당했노라고 주장했다. 디아고라스는 B.C. 5세기경의 그리스 시인이며 소피스트였다. 그는 신성모독을 한 후에도 신으로부터 여전히 아무런 처벌도 받지 않았다는 이유로 무신론자가 되었다. 그는 정통신앙 종교와 엘레우시스 비의를 몹시 못마땅하게 비판했다. 그는 심지어 신의 목상이미지를 불구덩이 속에 집어던지면서, 신이 자신을 구제하기 위해 무엇인가 다른 기적을 일으켜야 한다고 소리친 적도 있다.

엘레우시스 비의의 클라이맥스에 관해, 다음 두 가지 근대이론이 있다. 한 가지는 데메테르 사제가 불의 의식을 통해, 사후 생애의 놀라운 가능성과 다양한 성물 · 황홀하고 신성한 밤의 비전을 입문자들에게 보여준다는 것이다. 그러나 이 비의의 크나큰 인기와 경이로운 장수의 비결을 고려해 볼 때, 이 설명은 설득력이 좀 약하다는 것이 중론이다. 그래서 어떤 학자는 엘레우시스 비의의 불가사의한 힘이 정신활력의 중개인 역할을 하는 키케온 음료의 신비한 효능 속에 있다고 믿었다. 이는 '엘레우시스의 길' 에서 광범위하게 논의된 바가 있다. 키케온이란 발효음료는 결국 강력한 환각제인 LSD의 선구였다는 것이다. 오랜 행렬에 단식으로 정신이 몽롱해진 입문자가 키케온을 마시면, 정신적 · 지적 분기점의 상태에 이르면서 신비한 계시의 무아지경으로 완전몰입이 가능해진다는 것이다. 그러나 이러한 주장을 내세우는 학자가 보리나 곰팡이 균류를 가지고 직접 실험을 해본 결과는 그리 신통하지 않았다.

또 다른 그리스 비의 중 하나인 디오니소스 비의에서 메마른 포도넝쿨에 갑자기 잘 익은 포도송이가 영글게 한 것처럼, 잘려져 있는 죽은 밀 이삭에 밀알이 갑자기 영글게 하지는 않았을까? 또 다른 추측에 따르면 그 문제의 바구니와 괘라는 것이 남성성기와 여성성기 모양을 본뜬 물건이었기에 입문자들이 했던 작업은 이른바 이 신들의 성기를 결합시키는 상징적 행위였다는 것이다. 그리고 대사제가 지성소에서 했던 작업이란 그런 상징적 행위를 구체화시키기 위해 실제로 여사제와 성행위를 했다는 주장까지도 나온다. 과연 그 어떤 기적이 플라톤과 같은 당대 최고의 지성인으로부터 무지한 노예에 이르기까지 그토록 완벽하게 공포에 떨게 하고 동시에 감동을 경험하게 할 수 있었을까? 만약 그 누구의 상상도 초월하는 엄청난 이미지 체험을 제공하지 못했다면, 과연 엘레우시스 비의가 2000년 동안이나 그 무수히 다양한 부류의 사람에게 그렇게 거의 완벽에 가까운 비밀 엄수를 이끌어낼 수 있겠는가?

이처럼 풀리지 않는 신비를 간직한 비밀의식이 끝나면 참가자는 밤을 지새우며 흥겹게 춤추고 노래한다. 춤은 라리안Rharian의 밭에서 추는데, 전설에 따르면 첫 번째 곡식이 심어져 자란 장소라고 한다. 그리고 늦은 밤 또는 그 다음날 새벽에 커다란 황소를 바치는 희생제식이 거행된다. 그리고 그 날보에드로미온의 22째 되는 날 입문자는 신성한 용기로부터 헌주를 부으면서 사자死者들을 위로한다. 23일째 되는 날 비의는 끝나고 모두 집으로 돌아간다.

❋ 비의의 종말

로마황제 테오도시우스 1세는 서기 392년의 법령에 의해 지성

소를 폐쇄시켜버렸다. 그것은 국교로 지정된 기독교에 대한 헬레니즘 세력의 저항을 막기 위한 노력의 일환이었다. 엘레우시스 비의의 마지막 유적은 396년에 서고트 왕 알라릭

알라릭 1세

이 '그들의 검은 의상을 걸치고' 이단 아리우스파 기독교인을 대동한 채 침입했을 때 물거품처럼 사라졌다. 그리스 철학자 중 전기 작가이며 역사학자였던 에우나피오스Eunapios는 4세기경 엘레우시스 비의의 종말을 언급했다. 에우나피오스는 율리아누스 황제의 명으로 마지막 최고사제가 집행하는 엘레우시스 비의 입문식에 참여했다. 에우나피오스에 따르면 그 마지막 최고사제는 태양신 미트라의 비의에서 '아버지'의 지위를 점유했던 자였다.

Ψ예술 속에 나타난 비의

데메테르, 트립톨레무스와 페르세포네

엘레우시스 비의를 소재로 한 다양한 그림과 항아리 작품들을 우리는 많이 발견할 수 있다. B.C. 5세기경으로 추정되는, 아테네 국립미술관에 소장된 엘레우시스 부조작품이 가장 대표적인 예이다. 트립톨레무스가 데메테르 여신으로부터 씨앗을 받고 그것을 어떻게 밭에 심으며 경작하는지 가르침을 받고 있고, 옆에서는 페르세포네가 그를 보호하기

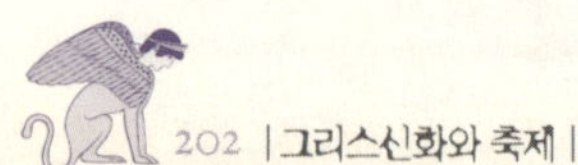

위해 그의 머리 위에 다정하게 손을 얹고 있다. 다른 작품 속에서는 트립톨레무스가 소나무 횃불을 치켜 든 데메테르와 페르세포네 두 여신에게 둘러싸여, 이삭을 손에 든 채 날개 달린 옥좌나 전차를 타고 있는 모습을 지켜볼 수 있다. 또 다른 작품 속에서는 데메테르의 뒤를 페르세포네와 이아쿠스가 따르는 광경이나 입문자의 기나긴 행렬이 그려져 있다. 셰익스피어 작품의 『폭풍우』에서 미란다와 페르디난드의 서약을 축하하기 위해, 프로스페로가 주문을 외는 장면 역시 엘레우시스 비의를 연상시키는 대목이다. 물론 셰익스피어가 열거한 신은 로마명을 띠고 있었지만 말이다.

축제의 에필로그

그리스인의 종교생활은 '축제'를 중심으로 이루어져 있다. 고대인은 자신을 둘러싼 자연현상이나 그 변화에 무지했기 때문에, 주위에 생겨나는 모든 일이 신의 의지 때문에 일어난다고 생각했다. 그래서 그들은 개인과 집단의 존속을 위해 신에게 제사를 지냈으며, 신을 기쁘게 하기 위해 다양한 의식을 거행했다. 축제의 공통행사는 체육경기(시낭송이나 찬미가, 연극공연을 포함한다), 거대한 향연, 종교적인 희생제 등이다. 이러한 동물희생제는 신뿐만 아니라 인간의 세속적인 필요성에 의해 생겨났다. 그것은 곡물과 야채를 주식으로 하는 서민에게 모처럼 육식을 할 수 있는 호기회를 제공했다. 이러한 축제는 단 하루의 지역축제인 경우도 있고, 1주일 이상 떠들썩한 주연을 베푸는 성대한 도시축제도 있었다. 그리스인이 '신의 선물'이라 여겼던 춤은 모든 축제에서 중요한 부분을 차치했다. 테세우스가 반신우두의 괴물 미노우타로스를 처치한 다음, 동굴 앞에서 했던 것도 신에게 승리를 바치는 검은 두루미 춤Crane dance의 제식이었다. 또한 고대 그리스인은 종교행진에서 신상이나 초상 같은 예술작품이나 성스런 의복 등을 나르는 의식을 자주

행했다. 신이 거주하는 공간인 신전 자체도 더할 나위 없이 훌륭한 예술작품이었다. 일반민중 역시 축제기간 중에 훌륭한 예술작품을 충분히 감상할 수가 있었다. 이때 많은 예술작품이 전시되었기 때문이다. 고대 그리스인은 몇몇 부호나 귀족을 제외하고, 그들의 집에 거의 예술작품을 소장하고 있지 않았다. 거의 대부분 공공예술작품들이 주종을 이루었다.

그리스는 여러 민족으로 이루어져 있었는데 남쪽에는 도리스인, 북쪽에는 이오니아인과 에오리아인이 자리잡고 있었다. 언어와 외양면에서 큰 차이가 없었기 때문에 얼마든지 이 도시국가끼리 화합을 이루며 살 수 있었을 테지만 실제로 경쟁관계에 있었던 이 도시국가들 사이서는 크고 작은 분쟁이 끊이지 않았다. 그러나 이들도 제우스신을 위한 축제에서만큼은 서로 긴밀히 결합하였다. 즉 그리스에서 종교와 축제는 헬라스인을 하나로 통합시키는 매개체 역할을 했다.

지금까지 그리스의 다양한 축제, 범그리스적인 4개의 체전과 아테네 축제을 두루 살펴보았다. 아테네 축제에서는 그 기원이 아테네에 있지 않은 것도 있으나, 점차로 아테네가 그리스 최고의 패권국가가 되어감에 따라, 또한 문물이 융성해짐에 따라 다른 폴리스의 축제도 제 것으로 동화·융합시키는 사례도 적지 않았다. 한정된 지면에 그 모든 고대축제의 충만 된 열기를 다 담아낼 수는 없었으나, 여기에 소개된 축제사례를 통해 고대 그리스인이 그들의 신들과 얼마나 친밀하게 지냈는지, 또 그들의 일상생활 속에 녹아 있는 신화와 축제의 따스하고 넉넉한 분위기를 추체험할 수 있는 기회가 되었으면 하는 작은 소망이다. 또한 인간이 발명해낼 수 있는 가장 아름답고 무궁무진한 스토리 그리스 신화와 그 신화를 모티브로 한 축제라는 문화콘텐츠가 메마르고 건조한 일상을 살아가는 우리 현대인의 목을 축이는 시원한 샘물의 원천이 되어주기를 바란다. 잠시 그리스인이 가장 좋아했던 신 중의 하나인 디오니소스의 주연 속으로 들어가 흠뻑 취해보는 것도, 미의 여신 아프로디테의 축제에 참가하여 목욕하는 여신의 미를 찬미해보는 것도 단조로운 일상의 탈출이 되지 않을까?

디오니소스와 아리아드네

 참고문헌

Bremmer, Jan, ed., Interpretations of Greek Mythology, London: Croom Helm, 1987.

Buchanan, D., *Greek Athletics*. London 1972.

Buffiere, F., *Eros adolescent. La pederastie dans la Grèce antique*, Paris 1980.

Burkert, W., *Structure and History in Greek Mythology and Ritual*, Berkeley: University of California Press, 1979.

Burkert, W., *Homo Necans: The Anthropology of Ancient Greek Sacrificial Ritual and Myth*, Berkeley: University of California Press, 1983.

Burkert, W., *Greek Religion*, Oxford: Blackwell, 1985.

Burkert, W., *Ancient Mystery Cults*, Cambridge, Mass: Harvard University Press, 1987.

Christesen, Paul, *Ancient Greek History and Olympic Victor Lists*, Cambridge: Cambridge University Press 2007.

Carpenter, T.H., *Art and Myth in Ancient Greece*, London: Thames and Hudson, 1991.

Dayton, John C., *The Athletes of War. An Evaluation of the Agonistic Elements in Greek Warfare*, Campbellville Ontario: Edgar Kent 2006.

Decker, W. and J. Thuillier, *Le Sport dans l' antiquité*, Egypte, Grèce et Rome 2004.

Delorme, J., *Gymnasion*, Paris 1960.

Dowden, Ken, *The Uses of Greek Mythology*, London: Routledge, 1992

Dundes, A., ed., *Sacred Narrative: Readings in the History of Myth*, Berkeley: University of California Press, 1984.

Edmunds, Lowell, ed., *Approaches to Greek Myth*. Baltimore: Johns Hopkins, 1990.

Ferguson, John, *Among the Gods; An Archeological Exploration of Ancient Greek Religion*. London; New York: Routledge, c1989.

Galinsky, G.K., *The Herakles Theme*. Oxford: Blackwell, 1972.

Grant, Michael, *Myths of the Greeks and Romans*, London: Weidenfeld & Nicolson, 1962

Harris, Stephen L., and Gloria Platzner, *Classical Mythology: Images and Insights,* New York, 1971.

Forbes, C.A., *Greek Physical Education,* New York 1929.

Gardiner, E. N., *Greek Athletic Sports and Festivals,* London 1910).

Gardiner, E. N., *Athletics of the Ancient World,* Oxford 1930; Chicago: Ares 1978.

Golden, M., *Sport and Society in Ancient Greece,* 1998.

Hard, Robin, *Olympic Games and other Greek Athletic Festivals,* NY Routledge 2006.

Harris, H. A., *Greek Athletes and Athletics,* London: Thames & Hudson 1964.

Harris, H. A., *Sport in Greece and Rome,* London 1972.

Kirk, G.S., *The Nature of Greek Myths,* Harmondsworth: Penguin, 1974.

Lefkowitz, M., *Women in Greek Myth.* London: Duckworth, 1986.

Mouratidis, J., *Greek Sports, Games and Festivals before the 8th Century B.C.* 1983.

Newby, Zahra, *Athletics in the Ancient World,* London and Bristol: Bristol Classical Press 2006.

Olivova, Vera, *Sports and Games in the Ancient World,* London 1984).

Parke, H. *Athenian Festivals,* Ithaca: Cornell UP

Perrottet, Tony, *The Naked Olympics: The True Story of the Ancient Games,* NY: Random House 2004.

Phillips, David and David Pritchard (edd.), *Sport and Festival in the Ancient Greek World,* Swansea: Classical Press of Wales 2003.

Sansone, David, *Greek Athletics and the Genesis of Sport,* 1992.

Thompson, Homer A., "The Panathenaic Festival," AA (1961) 224-231.

Tripp, Edward, *The Meridian Handbook of Classical Mythology.* New York: Crowell, 1970.

Turner, Victor, *The Ritual Process.* Chicago: Aldine Publishing Co., 1969.

Young, David C., *The Olympic Myth of Greek Amateur Athletics,* Chicago 1984.

그 외 기타 인터넷 자료 참고

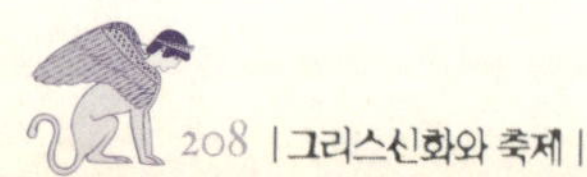